Sybille Wilhelm

Erfolgsfaktor
Online-Handel

Sybille Wilhelm

Erfolgsfaktor
Online-Handel

*Tipps für die E-Commerce-Praxis –
von der Gründung bis zur Expansion*

Impressum

Bibliografische Information der Deutschen Nationalbibliothek.
Die Deutsche Nationalbibliothek verzeichnet diese Publikation in der
Deutschen Nationalbibliografie; detaillierte bibliografische Daten sind
im Internet über http://dnb.d-nb.de abrufbar.

ISBN 978-3-86641-263-7
© 2012 by Deutscher Fachverlag GmbH, Frankfurt am Main.
Alle Rechte vorbehalten.
Nachdruck, auch auszugsweise, nur mit Genehmigung des Verlags.
Umschlag: valiguity.com, Haike Rausch
Gestaltung: valiguity.com, Haike Rausch
Satz: valiguity.com, Haike Rausch
Druck und Bindung: Stürtz GmbH, Würzburg

Inhalt

1. **Vorwort** — Seite 6
2. **Start in die Onlinewelt:** Die Geschäftsidee — Seite 8
3. **Ladenbau im Netz:** Webshop-Software — Seite 18
4. **Usability:** Hauptsache nutzerfreundlich — Seite 34
5. **Logistik:** Vom Klick zum Kunden — Seite 48
6. **Marketing:** Klappern gehört zum Handwerk — Seite 64
7. **Social Web:** Den Kunden miteinbeziehen — Seite 76
8. **Finanzierung:** Ohne Moos auch online nichts los — Seite 86
9. **Zahlung:** Zur Kasse, bitte! — Seite 98
10. **Sicherheit:** Rundum sicher — Seite 112
11. **Anhang** — Seite 140

 Vorwort

Die Umsätze im Internet kennen seit Jahren nur eine Richtung: Steil nach oben. Doch wer heute in das Onlinegeschäft einsteigen will, für den ist das vielbeschworene Potenzial im World Wide Web nur ein theoretisch-statistischer Wert. Über die tatsächlichen Herausforderungen, die bei einem eigenen Webshop von der Konzeption über die Finanzierung bis hin zum Alltagsbetrieb auftreten, sagt die Statistik nichts aus.

Hinzu kommt, dass sich der Onlinehandel so rasant ändert, dass die Begrifflichkeiten kaum noch hinterherkommen. Weil E-Commerce als Abkürzung von „Electronic Commerce", also dem elektronischen Handel, nicht unbedingt dem neuen M-Commerce, dem „Mobilen Handel" über Smartphones Rechnung trägt, taufen inzwischen einige Akteure den E-Commerce kurzerhand zu „Everywhere Commerce", also zu „Handel an allen Orten". F-Commerce bezeichnet das Geschäft in sozialen Netzwerken, „F" steht dabei stellvertretend für Facebook. Manchmal heißt dieser Geschäftszweig aber auch „Social Commerce".

Bei aller Begriffsverwirrung und gesunder, verständlicher Skepsis gegenüber den Heilsversprechen, die Dienstleister und Berater dem Onlinehändler in spe machen, kann sich ein eigener Webshop für stationäre Händler, Hersteller und reine Webshopbetreiber gleichermaßen lohnen – wenn er denn gut gemacht ist.

Oberstes Prinzip sollten auch hier die alten, bewährten Handelstugenden sein – sie gelten genauso in der virtuellen Welt wie in der stationären Welt. So gehört zu der Geschäftsidee beispielsweise ein Businessplan, der die Wachstumsziele festlegt, sowie eine solide Finanzierung. Und auch im laufenden Betrieb muss der Webshopbetreiber seine betriebswirtschaftlichen Hausaufgaben gemacht haben.

Es gibt aber natürlich eine Reihe von neuen Anforderungen im virtuellen Handel. So sollte der Onlinehändler in spe schon bei der Auswahl der Shopsoftware daran denken, dass ihm, bildlich gesprochen, die Kundschaft in naher Zukunft „die Bude einrennen" könnte. Und: Neben der notwendigen Nutzerfreundlichkeit darf im Webshop die Emotionalität nicht zu kurz kommen. Außerdem muss sich der Händler gut überlegen, wie sein Onlineshop bekannt wird, wie er neue Kunden gewinnt und die Beziehung zu treuen Kunden pflegt – und wie er im Zeitalter der Sozialen Netzwerke die Internetgemeinschaft begeistert und mit einbezieht.

Darüber hinaus ist das Thema Logistik im Onlinehandel anspruchsvoll, denn die Ware sollte nicht nur möglichst schnell und unbeschädigt vom Lager zum Kunden kommen, sondern im Falle eines Umtauschs auch wieder genauso problemlos zurückgelangen. Last but not least sollte sich der Onlinehändler rund um das Thema Sicherheit Gedanken machen – etwa bei den Zahlungssystemen, aber auch bei den Kundendaten und der eigenen IT.

All das ist aufwändig, aber bei sorgfältiger Planung kein Hexenwerk. In diesem Sinne wünsche ich Ihnen eine anregende Lektüre – und viel Erfolg mit Ihrem eigenen Webshop!

Frankfurt am Main, im Mai 2012   Sybille Wilhelm

Die Geschäftsidee

Um im Internet aktiv zu werden, gibt es viele Gründe. Manche finden eine Marktlücke, andere wollen ihren Kunden in der Region besseren Service bieten oder ihre Ware einem größeren Publikum zugänglich machen. Es gibt auch Onlinehändler, die analytisch vorgehen und sich eine Branche suchen, die im Netz noch nicht so gut aufgestellt ist – um sich irgendwann ihren Webshop durch einen Verkauf an einen Marktführer oder eine Investmentgesellschaft „vergolden" zu lassen.

Doch ob im Netz oder stationär: Wenn ein Händler einen Laden aufmacht, muss er eine gute Idee haben, sorgfältig planen und betriebswirtschaftlich denken. Denn es ist nicht so einfach, einen Onlineshop aufzumachen – und vor allem, damit Erfolg zu haben. Entscheidend sind auch in der virtuellen Welt das Geschäftsmodell und die Positionierung sowie die stimmigen Hintergrundprozesse und die Wirtschaftlichkeit.

Grundsätzlich gelten die „alten" Kaufmannsweisheiten auch im Internet. Ist ein Händler stationär gut aufgestellt, beherrscht er diese Regeln. Das, aber wirklich nur das hat er bei dem Einstieg in den Onlinehandel einem Handelsneuling voraus. Denn ein bestehendes stationäres Handelskonzept mit möglichst geringem Aufwand mal eben auf das Internet zu übertragen, funktioniert nicht. Die Planung und Umsetzung eines Internetauftritts ist mindestens genauso aufwändig wie die eines umsatzstarken stationären Geschäfts.

Wer heute einen Webshop aufmachen will, muss es richtig gut machen – sonst sollte er es lassen. Bei dem Onlinekaufhaus Amazon kann sich ein Onlinehändler in spe beispielsweise abschauen, was der Kunde im Netz gewöhnt ist: „Ziel von Amazon.com ist von jeher, das kundenzentrierteste Unternehmen der Welt zu sein", heißt es in der Eigenwerbung des größten Onlinehändlers der Welt, der seit 1998 in Deutschland aktiv ist. Das bedeutet, dass der Onlinekunde längst Dinge wie beispielsweise den kostenlosen Versand, Empfehlungen durch andere Kunden und die klaglose Rücknahme von Produkten als selbstverständlich ansieht.

Das bedeutet allerdings nicht, dass ein Onlinehändler jeden Service und Schnickschnack anbieten muss, den es gibt. Es heißt nur, dass ihm etwas einfallen sollte, wie er sich im unübersichtlichen Internet positionieren kann, um seine Kunden zu finden und zu begeistern. Dafür ist es selbst in der zweiten Dekade des E-Commerce für kreative Jungunternehmer noch lange nicht zu spät. Denn der nächste Evolutionsschritt im Internet ist die Emotionalität: Will der Verkäufer im Netz etwas Besonderes sein, kann er sich etwas Besonderes einfallen lassen.

Dass das gelingen kann und dass der Onlinehandel noch immer eine Riesenchance bietet, zeigen zahlreiche erfolgreiche Beispiele, die den Praxistest schon bestanden haben.

Mut in der Nische

Viele Erfolgsgeschichten im Internet beginnen damit, dass jemand etwas Spezielles sucht, es weder stationär noch im Internet findet und beschließt, es dann eben selbst anzubieten. Und weil diese Onlinehändler mit viel Herzblut ihre Hobbys zum Beruf machen und eine Marktlücke gefunden haben, finden sie oft eine treue Fangemeinde.

Bei Marita Grabowski zum Beispiel begann alles mit Charlie: Weil der Kongo-Graupapagei krank war, buk Frauchen für ihn bekömmliche Biokekse, die keine Körner enthielten. Eine Marktlücke, wie sich schnell rausstellte: In Zusammenarbeit mit einem Tierarzt verkauft die gelernte Industriekauffrau unter Papageien-Baeckerei.de nun Knabbereien, die sich positiv auf die Gesundheit der Vögel auswirken. Und zwar mit so

großem Erfolg, dass die Onlinehändlerin inzwischen sogar ein stationäres Geschäft betreibt.

www.papageien-baeckerei.de

Die Sehnsucht nach den Bergen war es, die das Ehepaar Theben zu Onlinehändlern werden ließ. Die Kletterer waren immer unzufrieden mit der Ausrüstung und Kleidung, die sie im klassischen Handel gefunden haben. Also konzipierten Swantje und Martin Theben einen „coolen" Kletter-Laden, verhandelten mit Lieferanten, ließen sich einen Shop programmieren und organisierten das gemeinsame Unternehmen Bergfreunde.de. Ende 2011 beschäftigen die Bergfreunde rund 50 Mitarbeiter und verschicken rund 550 Pakete pro Tag.

www.bergfreunde.de

Als beim Plätzchenbacken Nougat und Marzipan übrig blieben, kam Karin Ebelsberger auf die Idee, daraus Mozartkugeln zu zaubern. Die damalige ADAC-Ambulanzflugdisponentin begeisterte mit den Leckereien Freunde und Familie und hatte ganz nebenbei eine neue Leidenschaft entdeckt. Sie überlegte sich ständig neue Rezepte und kam auf die Idee, ihr Hobby zum Beruf zu machen. Unter Pralinenatelier.de können Kunden nun eigene Lieblingspralinen, süße Tafeln in Herzform oder Visi-

tenkarten aus Schokolade entwerfen. Hergestellt werden die Leckereien dann aus erlesenen Grundstoffen und ohne Zugabe von Zusatzstoffen von Hand.

www.juicyschoki.de

LERNEN VON NISCHENANBIETERN

CONVERSION-RATE: Onlinehändler wollen nicht nur hohe Besucherzahlen in ihrem Shop, sondern vor allem viele Bestellungen mit überdurchschnittlich hohen Warenkorbwerten und Pro-Kopf-Umsätzen, also eine gute so genannte CONVERSION-RATE. Händler, die sich spezialisiert haben, haben bei dieser UMWANDLUNGSQUOTE von Besuchern zu Kunden die Nase vorn, meldet der E-Commerce-Dienstleister dmc digital media center: Während zwei Drittel der Anbieter im Onlinehandel eine Conversion-Rate von weniger als 3 Prozent haben, können sich Betreiber von Nischenshops über eine „Umwandlungsquote" von bis zu 25 Prozent freuen.

DER GRUND: Wenn es um Anglerbedarf, Handarbeitszubehör oder individuell bedruckte T-Shirts geht, kommen die Kunden nicht zufällig vorbei und wollen sich nur umschauen. Vielmehr weiß der Kunde, der einen spezialisierten Shop aufsucht, genau was er will.

CROSS-SELLING: Der Onlinehändler wiederum weiß anhand der gekauften Artikel ebenfalls ziemlich genau, wie seine Kunden ticken und kann ihnen, sowohl was die Inhalte und Aktivitäten im Shop als auch die Produkte angeht, passgenaue Angebote unterbreiten. Dadurch steigt die Bestellrate und der Händler kann so genannte CROSS- und UP-SEL-LING-EMPFEHLUNGEN aussprechen: Cross-Selling, der Quer- oder Kreuzverkauf, bezeichnet den Verkauf von ergänzenden Produkten oder Dienstleistungen, beim Up-Selling versucht der Händler, dem Kunden statt einer günstigen Variante ein höherwertiges Produkt anzubieten.

Nun gibt es viele Onlinehändler, die statt eines spezialisierten Angebots eher einen Gemischtwarenladen im Netz haben. Aber auch die können vom „ERFOLGSREZEPT NISCHE" lernen und sich von den kleinen, aber feinen Onlinehändlern das Prinzip Personalisierung abschauen. Technisch ist es längst möglich, einzelnen Kunden im Webshop ein Angebot zu unterbreiten, das zu seinem Profil und seinem aktuellen Surfverhalten passt.

Gemeinsam stark

Wer erst einmal schauen will, wie sich das mit dem Onlinegeschäft so anlässt, kann sich die Bekanntheit von Plattformen wie eBay oder Amazon zu Nutze machen und dort einen Webshop einrichten. Kleinere Händler und Handwerker, die besondere Dinge anbieten, können sich aber auch zusammentun und ihre Produkte in eigenen kleinen Shops auf spezialisierten Internet-Marktplätzen verkaufen.

Start in die Onlinewelt

Auf dem Onlinemarktplatz für Selbstgemachtes DaWanda.de finden Liebhaber von Unikaten inzwischen beispielsweise knapp zwei Millionen Produkte in individuellem Design, die sie direkt von den jeweiligen Herstellern erwerben können. Das Angebot der rund 120.000 DaWanda-Shops reicht von Mode, Schmuck und Spielzeug über Graffiti-Kunst und restaurierte Möbelstücke bis hin zum Luxus-Halsband für den Vierbeiner.

de.dawanda.com

Epelia.com versteht sich als Onlinemarktplatz für in Handarbeit nach Familienrezept hergestellte Delikatessen mit Tradition anstelle von Massenproduktion. Dort haben sich Produzenten, Manufakturen und Direktimporteure aus Deutschland, Europa und der ganzen Welt zusammengetan und bieten mehr als 1.300 Produkte an, von denen die meisten im normalen Lebensmitteleinzelhandel nicht erhältlich sind.

www.epelia.com

Regionale Händler können sich ebenfalls zusammentun. Zum Beispiel sind Ende 2011 zunächst 33 stationäre Händler des Hamburger „Schanzenviertels" auf Schanzenport.de zusammen in den E-Commerce einge-

stiegen. Das Portal will Onlinemarktplatz und Shopping-Guide zugleich sein. Neben dem virtuellen Schaufensterbummel und Einkaufsmöglichkeiten berichten die Ladenbesitzer in Blogeinträgen über neue Produkte und Entwicklungen in dem kreativen Viertel.

www.schanzenport.de

Regionale Chance

Die neuen technischen Möglichkeiten und die Verbreitung der Smartphones erlauben es auch stationären Händlern, im Netz gefunden zu werden. Wenn ein regional tätiger Händler heute allerdings einen Webshop ins Netz bringen will, sollte er dies auch und vor allem als Service und Kommunikationskanal für seine bestehende Kundschaft verstehen. Wenn er dann auch noch „in alle Welt" verkauft, umso besser.

Der Vorteil des Internets ist, dass stationäre Händler einfach Termine, Aktionen und Angebote einstellen können, damit die Kunden aus der Region wissen, ob es sich lohnt, mal vorbeizuschauen. Doch dazu reicht prinzipiell auch eine gepflegte Homepage – die im Übrigen jedem stationären Händler ohnehin anzuraten ist.

Der Vorteil eines Webshops ist darüber hinaus, dass der Händler sein Sortiment erweitern kann, ohne dass er seinen Laden zustellen muss. Zudem können Händler Kunden aus der Region in ihr Geschäft locken, wenn sie beispielsweise anbieten, bestellte Ware versandkostenfrei im Laden abzuholen oder bestellte Ware dort umzutauschen.

Für Kunden hat die Kombination aus Onlineshop und stationärem Laden den Vorteil, dass sie sich vor dem Onlinekauf im Laden informieren oder vor dem Kauf im Laden online Informationen einholen können.

BEST PRACTICE

Frank Fischer, Weinkellerei Höchst

„Die ehemalige Weinkellerei der Höchst AG gibt es seit 1885 und war mal mit einem Lagerbestand von mehr als zwei Millionen Flaschen der größte Weinhändler Deutschlands. Nach der Zerschlagung der Höchst AG haben meine Frau, ein Geschäftspartner und ich die Weinkellerei 2002 gekauft. Sie bot traditionell Wein- und Feinkost für Geschäftskunden an. Das macht neben dem klassischen Wein-Einzelhandel – wir haben vor kurzem die zweite Filiale nahe Frankfurt eröffnet – noch immer einen Großteil unseres Geschäfts aus.

Auf die Idee, einen Internetshop aufzumachen, kamen wir 2004. Ursprünglich war der Shop nicht als weiterer Vertriebskanal geplant, sondern als Informationsplattform für unsere Kunden. In den Anfangszeiten kam dementsprechend nur sporadisch mal eine Onlinebestellung. Das lag auch daran, dass man uns anfangs im Internet nicht gefunden hat.

Doch dann haben wir unseren Webshop mit der Warenwirtschaft verknüpft, unsere Internetseite fit für Suchmaschinen gemacht und sind bundesweit präsent. Seitdem steigt der Online-Anteil kontinuierlich. Wer bei Google „Weinkellerei" eingibt, sieht uns sogar inzwischen als ersten Treffer. Wir haben in unserem Webshop Anfang 2012 durchschnittlich rund 6.000 Besucher monatlich. Von denen bestellen natürlich nicht alle, aber viele informieren sich online und kommen mit einem Ausdruck in der Hand in unsere Filialen.

Wir nutzen inzwischen auch Gutscheinportale wie Groupon, um Veranstaltungen zu bewerben und hier im Rhein-Main-Gebiet weiter bekannt zu werden. Aktuell haben wir beispielsweise dort eine Verkostung von Wein und

Schokolade angeboten. Das Geld, das wir dort einnehmen, deckt gerade mal die Kosten. Aber es haben sich immerhin 180 Weinliebhaber aus der Region angemeldet.

Der Weinhandel ist ein hart umkämpfter Markt, auf dem sich auch die Discounter erfolgreich tummeln. Über den Preis braucht man also auch im Internet nicht groß argumentieren. Als stationärer Händler kann man aber mit Service und schneller Warenverfügbarkeit punkten. Wir haben in unserem Filiallager in Frankfurt-Höchst mehr als 700 unterschiedliche Weine aus 50 Anbauregionen der Welt vorrätig. Unsere Onlinekunden bekommen entsprechend schnell ihre Bestellung.

www.weinkellerei-hoechst.de

Wir sind froh, neben dem stationären Laden und den Geschäftskunden mit dem Webshop einen weiteren Vertriebskanal zu haben. Denn wenn ein Vertriebsweg mal nicht so gut laufen sollte, könnten wir das eine Zeit lang aushalten. Schließlich haben wir inzwischen auch Verantwortung für elf Mitarbeiter."

LADENBAU IM NETZ

Webshop-Software

Ein Onlinehändler muss das Rad nicht neu erfinden: Er kann auf bereits vorhandene Shopsoftware zurückgreifen, um seinen virtuellen Laden aufzumachen. Dabei ist allerdings die Vorbereitung das A und O: Er muss den Shop an die Zielgruppe anpassen und eigene Ziele festlegen, sich überlegen, was er den Kunden bieten will und auch, wie viele Produkte er heute und in Zukunft verkaufen will – denn bei manchen Shoplösungen ist die Menge der Artikel, die der Händler einstellen kann, limitiert.

Dann geht es an die passende Software: Man kann Standardsoftware mieten, sich einen eigenen Shop programmieren lassen oder kaufen und auf so genannte Open Source-Entwicklungen zurückgreifen. Darüber hinaus können Händler auch über so genannte White-Label-Shops oder Marktplätze wie Amazon und Ebay verkaufen.

Grundsätzlich sollte sich ein nicht so technikversierter Onlinehändler in spe eine kompetente und unabhängige IT-Beratung suchen, da die Zahl der Anbieter von Shopsoftware inzwischen unüberschaubar ist. Allerdings entbindet ihn das nicht, im Vorfeld sorgfältig seine Ziele zu formulieren und zu planen: Zuallererst muss sich ein Händler bei der Wahl der Software überlegen, wie komplex sein Geschäftsmodell ist und was Software und Betriebssystem demgemäß leisten müssen. Ein Blick auf die Shops der Konkurrenz ist nicht verkehrt: Der eigene Shop sollte mindestens eine ähnliche Leistung bringen wie der der Wettbewerber.

 Auswahl der Dienstleister

Die Positionierung, die Hintergrundprozesse und weitere Anforderungen an den Internetauftritt sollte der Händler in einem so genannten Lasten- oder Pflichtenheft festlegen. Die Grundlage für die Auswahl von

Dienstleistern und Implementierungspartnern ist die Beschreibung des Soll-Zustandes. Selbstverständliche Anforderungen an einen Shop wie beispielsweise der übersichtliche Bestellvorgang können nur kurz genannt werden. Aber alles, was Anforderungen angeht, die dem Onlinehändler Wettbewerbsvorteile einbringen, wie auch wichtige Schnittstellen sollte der künftige Webshopbetreiber ausführlicher schildern. Denn technisch ist vieles möglich – aber nur, wenn die IT-Fachleute wissen, was der Händler konkret haben will, können sie es auch umsetzen.

Bei dem Anforderungskatalog sollte der Händler festlegen, was er braucht und in welchem Shop er selbst gerne einkaufen würde. Dann sollte er versuchen, Referenz-Modelle zu finden und sich mit den jeweiligen Betreibern austauschen. Von deren Erfahrungen kann er nur profitieren und weiß schnell, wie die aktuellen marktrelevanten Anforderungen an einen Shop sind – so kann er das Risiko minimieren, später das System wechseln zu müssen oder Verluste zu machen, weil er für sein Geschäftsmodell wichtige Funktionen nicht bedacht hat. Auch in Onlineforen und Blogs kann er sich informieren und von den Erfahrungen anderer Anwender profitieren.

Vor der endgültigen Auswahl der Shopsoftware sollte der Händler zudem erst einmal einen kleinen Test machen, um eine Idee zu bekommen,

wie Arbeitsabläufe und Handhabung der Software im Alltag konkret aussehen und wie er mit der Technik zurechtkommt. Bei den meisten Anbietern gibt es eine kostenlose Testversion für 30 Tage, bei denen der Händler verschiedene Szenarien probieren kann. In dieser Zeit sollte der Händler auch testen, wie schnell und kompetent der Softwarehersteller Probleme behebt und Fragen beantwortet.

Die individuell richtige Shopsoftware zu finden ist deshalb so wichtig, weil es eine Entscheidung (fast) für das ganze Unternehmerleben ist: Theoretisch kann ein Onlinehändler sich natürlich jederzeit eine neue Software suchen. In der Praxis ist das aber meist zeitaufwändig und teuer.

Technischer Tausendsassa

Ein guter Onlineshop ist bedien- und benutzerfreundlich, präsentiert die Artikel ansprechend, hat einen klar strukturierten Bestell- und Bezahlprozess und bietet mehrere Bezahlmethoden. Eine gute Webshopsoftware muss dementsprechend skalierbar und investitionssicher sein. Außerdem sollte sie sich flexibel anpassen lassen – wenn der Onlineladen richtig brummt, muss die Shopsoftware mitwachsen können. Für Zeiten großen Besucheransturms – etwa im Weihnachtsgeschäft oder nach einer Werbekampagne – sollte der Händler ohne großen Aufwand Serverleistungen dazubuchen können. Zudem sollte die Software so beschaffen sein, dass der Shop schnell in Suchmaschinen gefunden wird und Marketinginstrumente wie Gutscheine und Rabatte, aber auch intelligente Empfehlungen und Verlinkung auf passende Produkte anbietet.

Ein Webshop ist wie ein stationäres Geschäft nicht statisch, sondern muss sich den sich ständig ändernden Interessen der Besucher anpassen. Um die Änderungen so schnell wie möglich zu erkennen, sollte die Shoplösung daher Daten über die Kunden und deren Surf- und Shopverhalten sammeln und auswerten

können. Auch rechtlich gibt es immer wieder Änderungen: Gute Shops belehren ihre Kunden stets „rechtssicher" zum Widerrufsrecht und haben transparente und aktuelle Allgemeine Geschäftsbedingungen (AGB).

Die Anbindung an Warenwirtschaftssysteme und Bonitätsprüfungen sowie offene Schnittstellen zu weiteren Services sind ebenfalls unabdingbare Voraussetzungen. Neben der Anzeige, ob und in welcher Zeit die Produkte lieferbar sind, kann eine gute Software automatisch per E-Mail eine Bestellbestätigung und eine so genannte Tracking-ID senden, damit der Kunde verfolgen kann, wo sich die versendete Ware gerade befindet. Im persönlichen Kundenkonto sollten Onlinekäufer zudem ihre Wunschzettel verwalten, einen Überblick über aktuelle und ältere Bestellungen bekommen sowie ihre hinterlegten Daten wie Rechnungs- und Lieferadressen einsehen können.

Immer öfter werden Webshops inzwischen auch mit „Live Support Systemen" ausgestattet, die die Absprungraten verringern und durch eine Beratung den Verkauf unterstützen sollen. Kann die Software darüber hinaus verschiedenen Sprachen und landesspezifische Steuersätze verarbeiten, steht dem Händler eine internationale Expansion offen. Das kann eine wichtige Option für die Zukunft sein.

Im Hinblick auf die Sicherheit der Shopsoftware ist die schlechte Nachricht, dass das Internet grundsätzlich Risiken birgt und Sicherheitslücken sowohl in gekaufter als auch gemieteter oder lizenzfreier Software auftreten. Bei letzterer bemühen sich allerdings statt eines Unternehmens oder Händlers viele Entwickler, Fehler zu beheben. Andererseits haben Hacker bei der quelloffenen Software auch freien Einblick in sensible Teile der Webshopprogrammierung.

 Mobile Anwendungen

Last but not least sollte der Onlinehändler auch auf das Thema Mobile Commerce vorbereitet sein: Im Jahr 2015 soll Prognosen zufolge nur noch jeder dritte Nutzer über einen stationären Internetzugang ins Netz gehen. Also ist ein Händler gut beraten, Shoplösungen für mobile Kunden anzubieten. Auch hier ist es ratsam, seine geplante Infrastruktur auf diese neuen Anforderungen abzustimmen und für unterschiedliche Endgeräte wie Tablet-PCs und Smartphones nutzbar zu machen.

Dabei liegt die Zukunft nicht unbedingt nur darin, einen Shop ins Handy zu bringen. Vielmehr spielt im noch jungen Mobile Commerce neben den Transaktionen mit direktem Verkaufsabschluss die Betrachtung des gesam-

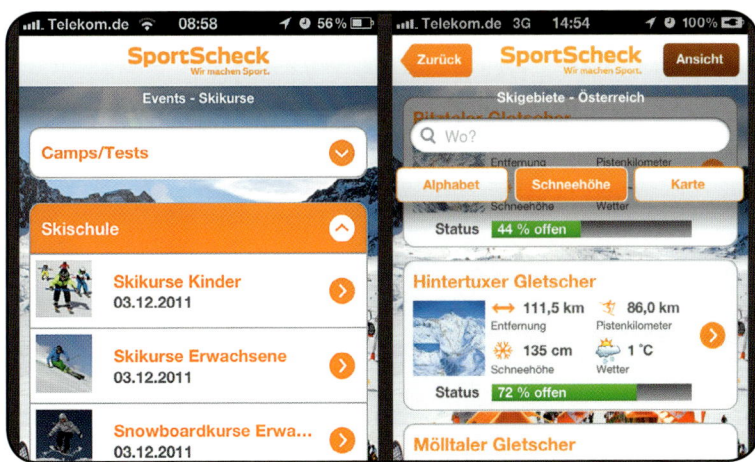

ten Verkaufsprozesses eine Rolle: Wer sich beispielsweise mobil informiert, kann auch stationär oder im Onlineshop einkaufen. Zur Kundenbindung kann der Onlinehändler deshalb in seinem „normalen" Webshop auch passende Angebote und Dienstleistungen anbieten, von denen der potenzielle Kunde auf mobilen Endgeräten einen Nutzen hat. So kann beispielsweise ein Outdoorhändler einen Tourenplaner zur Verfügung stellen und Empfehlungen für sinnvolle Ausrüstung einbinden oder ein Fotofachhändler Tipps rund um das Fotografieren mit Zubehör für Kameras & Co. verbinden.

Eigenentwicklung

Wenn ein Händler Herr im eigenen Haus sein will und auf eine individuelle Gestaltung und individualisierte Geschäftsprozesse Wert legt, kann er sich einen Webshop nach seinen individuellen Bedürfnissen gestalten lassen. Die eigene Lösung ist allerdings ein kostspieliges Vergnügen, denn Pflege, Wartung, Sicherheit, Aktualisierung und die Integration neuer Funktionalitäten („Features") muss der Händler selbst übernehmen und entsprechendes Personal einstellen oder einen Dienstleister beauftragen. Der Händler muss entscheiden, ob eine Eigenentwicklung den inzwischen softwaretechnisch ausgereiften Miet-, Kauf- und Open Source-Lösungen überlegen ist und ob sich der Aufwand lohnt.

> **EIGENENTWICKLUNG**
> VORTEILE
> ⊃ Individuelle Gestaltung
> ⊃ Auf Geschäftsprozesse zugeschnitten
> NACHTEILE
> 💣 Kosten
> 💣 Hohes Technisches Know-how erforderlich

 Kaufsoftware

Shops, die der Händler kaufen kann, beruhen meist auf Open Source-Lösungen oder sind Eigenentwicklungen der Anbieter. Die Kauflösungen bieten in aller Regel umfassende Funktionen wie etwa Schnittstellen zu gängigen Warenwirtschafts- und Onlinebezahlsystemen. Auch bei den Kaufshops gibt es vergleichsweise einfach zu bedienende Basis-Software, Programmierkosten sind also nicht unbedingt erforderlich.

Die Software-Anbieter übernehmen zudem die Installation und bieten eine Beratung. Welche weiteren Kosten für Installation, Beratung und die Anpassung an die individuellen Bedürfnisse hinzukommen, sollte der Händler im Vorfeld klären. Denn ein Nachteil bei den Kauflösungen ist, dass künftige Aktualisierungen („Updates") Zusatzkosten verursachen.

Zudem muss der Händler auch Sorge für die Pflege, Wartung, Sicherheit, Aktualisierung und die Integration neuer Funktionalitäten entweder selbst übernehmen oder einem Dienstleister übertragen. Bei Kaufsystemen reichen die monatlichen Kosten von einigen tausend bis hin zu mehreren zehntausend Euro – je nach Lösung ist dem Preis nach oben keine Grenze gesetzt.

KAUFSHOP
VORTEILE
➲ Umfassende Funktionen
➲ Wenig technisches Know-how nötig
NACHTEILE
💣 Kosten, auch mittel- und langfristig

 Mietshop

Mit einem gemieteten Webshop kann ein Händler schnell und preiswert in den Onlinehandel einsteigen. Die wichtigsten Funktionen sind dort in einer Standardsoftware abgebildet und können individuell an die Anforderungen des Händlers angepasst werden. Als Vorteil der Mietshoplösung gilt, dass der E-Shop vom Händler komplett in Eigenregie angelegt und gepflegt werden kann und kein Dienstleister beauftragt werden muss, der den Shop gestaltet und die Konfiguration sowie den laufenden Betrieb übernimmt.

Der Mietshop ist technisch immer up to date: Sobald neue Funktionen entwickelt werden oder es neue gesetzliche Vorgaben gibt, bekommt der Onlinehändler sie bei der Mietlösung automatisch überspielt – ohne mit technischen Details belästigt zu werden. Der Software-Anbieter übernimmt zudem die Wartung des Systems und das so genannte Hosting, bei dem er per Internet die technischen Ressourcen zur Verfügung stellt. Der Händler braucht daher für den E-Shop keinen eigenen Server, die Kosten für Anschaffung und Wartung entfallen.

Künftige Erweiterungen und Anpassungen des Webshops sind bei den Mietshops hingegen etwas komplizierter. Der Händler sollte sich daher vor dem Kauf der Software zunächst informieren, welche Änderungen überhaupt durchgeführt werden können. Individuell gewünschte Funktionen können nicht nachträglich programmiert werden, da der Shop-Mieter bei der Mietlösung anders als bei Kauf- oder Open Source-Software keinen Zugriff auf die Quellcodes hat.

Bei der Lösung von der Stange sind jedoch viele Funktionen bereits enthalten, die sonst erst programmiert werden müssten. So gehören beispielsweise die Anbindung an Preisvergleichsportale, Marktplätze wie eBay oder Amazon und Suchmaschinen wie Google sowie an verschiedene Onlinezahlverfahren inzwischen genau so zum Standard wie die passenden Schnittstellen für große Logistikanbieter. Allerdings gilt es auch hier im Detail zu prüfen, ob Schnittstellen zu den eigenen Systemen vorhanden sind und was sie gegebenenfalls zusätzlich kosten.

Der Preis für eine einfache Mietshoplösung ist meist moderat und der Händler weiß genau, mit welcher monatlichen Summe er rechnen muss. Die günstigen Mietvarianten sind vor allem für Händler geeignet, die gerade erst in das Internetgeschäft einsteigen oder es ausprobieren wollen.

Allerdings kann man bei den günstigen Mietshoplösungen nicht immer eine telefonische Rund-um-die-Uhr-Unterstützung erwarten, wenn etwas schief läuft. Weil der Anbieter viele verschiedene Shops hostet und auf einer Plattform verwaltet, kann ein Händler bei einer günstigen Mietshoplösung zudem nicht immer tun und lassen, was er will.

Will er mehr Freiheit, kann er auf die etwas teureren so genannten virtuell dedizierten Server setzen. Dort läuft der Shop auf einem eigenen Server, so dass einige Beschränkungen entfallen. Zusätzliche Funktionen können individuell hinzu gebucht werden, man ist also nicht auf das Paketangebot eines Providers angewiesen. Auch hier gilt, sich im Vorfeld über die Preise zu informieren. Die Leistung des gebuchten Servers steht komplett dem eigenen Shop zur Verfügung. Ähnlich wie bei den einfachen Mietshops werden auch diese virtuell dedizierten Shops von dem Dienstleister gewartet, der Händler muss sich also auch hier nicht um Dinge wie Aktualisierungen kümmern. Allerdings ist es hier ebenfalls nicht möglich, direkt in die Software einzugreifen und Funktionen komplett individuell anzupassen: Das würde die automatische Wartung des Systems beeinträchtigen.

Üblicherweise sind die Funktionen, die in einem Kaufshop integriert sind oder sich in einer lizenzfreien Open Source-Lösung vergleichsweise einfach einrichten lassen, deutlich größer als bei Mietshops. Daher sollten die vergleichsweise günstigen Kosten für die Anschaffung nur ein Aspekt bei der Auswahl sein. Entscheidend ist, wie teuer und aufwändig Änderungen im Laufe der Zeit ausfallen.

MIETSHOP

VORTEILE

- Geringere einmalige Kosten
- Monatliche Kostenkontrolle
- Vergleichsweise einfache Bedienung
- Wenig technisches Know-how nötig
- Immer aktuell

NACHTEILE

- Geringe Gestaltungsfreiheit
- Geringer Funktionsumfang
- Langfristige Kosten

Open Source

Open Source (OS), englisch für „offene Quelle", bedeutet bei Software, dass der Programmiertext öffentlich zugänglich und die Software an sich somit gratis ist. Doch kostenlos ist ein Open Source-Shop deshalb nicht: Für das Einrichten, Anpassen, die Wartung und Entwicklung spezieller Funktionen beauftragt der Händler in aller Regel Dienstleister oder baut eine eigene IT-Abteilung auf – und das kostet natürlich.

Doch die OS-Shops haben durchaus einige Vorteile: Händler bezahlen bei der offenen Software nur „so viel Shop", wie sie tatsächlich brauchen. Weltweit aktive Entwickler-Communities bieten zu vielen Problemen und Anforderungen bereits entsprechende Lösungen an, die sie wiederum der Open Source-Gemeinde zur Verfügung stellen. Mit vorgefertigten Software-Bausteinen lassen sich zudem viele Funktionalitäten ohne größeren Aufwand nachträglich hinzufügen.

Weil die Quellcodes offen sind, sind Anpassungen vergleichweise schnell zu bewerkstelligen. Zwar wird auch kommerzielle Software regelmäßig weiter entwickelt, meist aber in festen Entwicklungszyklen, die der Onlinehändler nicht beeinflussen kann. Die Betreiber und Programmierer von OS-Shops hingegen können sofort auf Entwicklungen am Markt reagieren.

Ein großer Vorteil von Open Source ist die Gestaltungsfreiheit der Shopbetreiber: Der Händler kann sich einen Programmierer suchen, der für ihn individuell wichtige Features entwickelt. Denn das ist ein weiteres Plus der OS-Lösung: Der Shop-Betreiber ist an kein Unternehmen oder an einen Programmierer gebunden. Missfällt ihm der Service oder die Leistung, bekommt er beides von einem anderen Dienstleiter. Anders als bei der Kauf- und Mietsoftware sowie der eigenen Lösung ist der Händler bei Open Source in finanzieller und operativer Hinsicht unabhängig.

Ist zudem ein Mitarbeiter oder eine Abteilung in der Lage, sich in die Software einzuarbeiten, sind kleinere Anpassungen sogar selbst zu bewältigen. Alternativ bieten einige der OS-Shop Hersteller mittlerweile selbst kostenpflichtige Support-Pakete an.

OPEN SOURCE

VORTEILE
- Kostenlose Anschaffung
- Höchstmögliche Anpassungsfähigkeit
- Schnelle Problembehebung/ Erweiterung
- Unabhängigkeit vom Softwarehersteller

NACHTEILE
- Technisches Know-how erforderlich

OFFENE SHOPSOFTWARE BELIEBT

Derzeit setzen rund vier von zehn Händlern auf kostenfreie Shopsoftware. Jeder dritte Händler hat einen „Kauf-Shop" und jeder zehnte setzt auf eine Eigenentwicklung, so das Ergebnis des Forschungsinstituts ibi research an der Universität Regensburg. Als Gründe für die Wahl des jeweiligen Shopsystems nennen Händler eine leichte Anbindung an nachgelagerte Systeme, gefolgt von geringen Kosten, leichter Erweiter- und Änderbarkeit sowie einer hohen Zuverlässigkeit.

WELCHE ART VON SHOP-SOFTWARE SETZEN SIE EIN?

Marktanteil eingesetzter Shopsoftware in Prozent

Kostenfreie Software	38
Kauf-Shop	33
Miet-Shop	16
Eigenentwicklung	11
Leasing-Shop	2

Quelle: www.ecommerce-leitfaden.de

 White Label

Ein stationärer Händler kann auch in so genannte White-Label-Lösungen einsteigen. Dabei übernimmt der Anbieter, beispielsweise ein Großhändler, den kompletten Betrieb des Händler-Internetshops. Er passt die White-Label-Shoplösung an die Anforderung des Händlers an und übernimmt in dessen Namen als Fullservice-Dienstleister den Betrieb inklusive Datenpflege und Hosting, die Zahlungsabwicklung, den Kundenservice und die Logistik – oder auf Wunsch nur Teile davon.

Der Händler muss letztlich nicht viel tun, um „seinen" Shop zu betreiben. Er wählt zwar aus, wie sein Sortiment im Internet aussehen soll, aber der Versand der Artikel wird komplett vom Großhändler übernommen. Kein eigener Wareneinsatz, keine Kosten für den technischen Betrieb, kein zusätzliches Personal, geringe bis keine Fixkosten – ein solcher Shop eignet sich vor allem für Händler, die zusätzlich zum Ladengeschäft im Internet präsent sein wollen, aber eigentlich keine große Arbeit in den Onlineshop stecken möchten.

Der Onlinehändler muss mit einmaligen und monatlich laufenden Kosten rechnen, manche Distributoren verlangen auch Provisionen für die gelieferten Produkte. Der Gewinn, den ein Händler mit diesen Lösungen erzielen kann, ist dementsprechend unterschiedlich.

> **WHITE LABEL**
> VORTEILE
> ➲ Kaum Aufwand
> ➲ Kaum Kosten
> NACHTEILE
> 💣 Geringer Gewinn
> 💣 Kaum Kenntnisse über die eigenen Onlinekunden

 ## *Praxisbeispiel Buchhandel*

Der Börsenverein des Deutschen Buchhandels will kleine und mittelständische Händler fit für das digitale Zeitalter machen. Die Börsenverein-Tochter MVB Marketing- und Verlagsservice des Buchhandels bietet seit Anfang 2012 einen einfach individualisierbaren Baukasten-Onlineshop an. In der Basisversion für 59,90 Euro monatlich können auch kleine Händler Bücher, E-Books und Audio-Books verkaufen. Bestellt ein Kunde ein gedrucktes Buch im Webshop, haben die Buchhändler beim Lieferweg und der Wahl des Lieferanten die freie Wahl. Buchhändlern, die einen MVB-Shop betreiben, wird gleichzeitig eine mobile Website

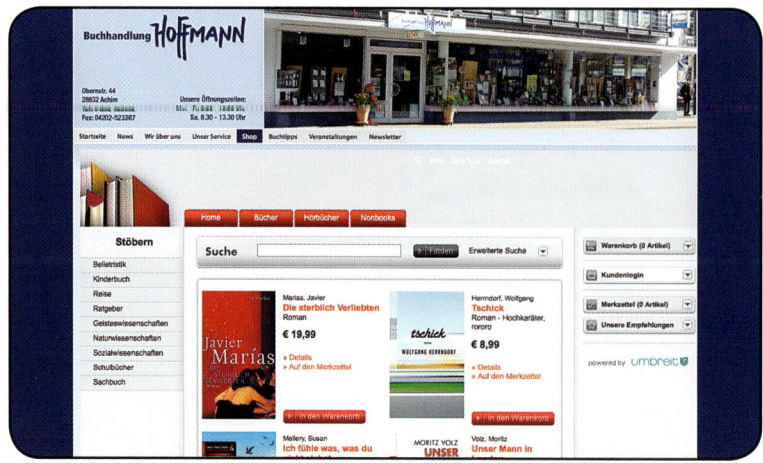

für das hauseigene Lesegerät für elektronische Bücher, den „E-Book-Reader" Liro, eingerichtet. Auf allen Liro-Readern, die der Buchhändler vertreibt, ist er so mit seinem eigenen Shop vertreten: Wenn ein Nutzer online geht, kommt er automatisch zu dem Webshop des Händlers, der ihm das Lesegerät verkauft hat.

 Marktplätze

Eine weitere Möglichkeit, ohne eigene Software in den Onlinehandel einzusteigen, ist der Verkauf über Marktplätze und Auktionshäuser. Der Aufwand, seine Produkte einzustellen, ist vergleichsweise gering. Je nach Bekanntheit des Marktplatzes wird der Händler von potenziellen Kunden leicht gefunden. Allerdings macht sich der Onlinehändler auch schnell abhängig von dem jeweiligen Marktplatzbetreiber, wenn dies sein einziger Onlinevertriebsweg ist: Er muss alle Änderungen mitmachen.

Verkauft ein gewerblicher Händler beispielsweise über Portale wie eBay und Amazon, liegen die Kosten für die dort generierten Umsätze schnell im zweistelligen Prozentbereich. Der Verkauf über einen bekannten Marktplatz kann zunächst als eine Marketingmaßnahme gesehen werden, um in dem unüberschaubaren World-Wide-Web gefunden zu werden. Daher sollte der Händler nachrechnen, ob sich die Kosten für die Bekanntheit und das über den Partner „mitgebuchte" Vertrauen auch langfristig lohnen.

> **MARKTPLÄTZE**
> VORTEILE
> ➲ Geringer Aufwand
> ➲ Große Kundenbasis
> ➲ Marketingeffekt
> NACHTEILE
> 💣 Abhängigkeit

Für den Einstieg in den Onlinehandel sind Marktplätze eine gute Möglichkeit, um erst einmal in Ruhe zu schauen, wie das Internetgeschäft läuft. Sobald der Onlinehandel jedoch etwas professioneller wird und größere Umsätze erzielt, lohnt sich ein separater eigener Shop. Die Software macht das in aller Regel klaglos mit: Schnittstellen für den Verkauf über Marktplätze werden inzwischen von fast allen Shopsoftwares geboten.

**KURZCHECK:
DAS MUSS DIE SHOPSOFTWARE KÖNNEN**

➲ den zuvor vom Händler genau festgelegten Funktionsumfang bieten
➲ den festgelegten Individualitätsgrad des Shops abbilden können
➲ finanziell und mit angemessenem Arbeitsaufwand realisierbar sein
➲ für künftige Anforderungen gewappnet sein, „mitwachsen" können
➲ bestehende Systeme des Händlers einbinden
➲ einfach zu administrieren und zu pflegen sein
➲ einfach und alltagspraktisch zu bedienen sein
➲ der Dienstleister sollte die Kosten transparent auflisten, die neben der Software dazu kommen
➲ zugesicherte schnelle und kompetente Problemlösungen bieten

Hauptsache nutzerfreundlich

Kommt ein Kunde in ein Geschäft, muss er sich auf den ersten Blick zurechtfinden – sonst geht er wieder raus. Das ist im Internet nicht anders. Nur, dass es einen großen Nachteil der virtuellen gegenüber der „echten" Welt gibt: Im stationären Handel kann der Kunde das Produkt mit allen seinen Sinnen erleben: Er kann einen Artikel in Augenschein nehmen, ihn anfassen, daran riechen oder sich vom Klang oder Geschmack überzeugen. Der Distanzhandel stößt hier schnell an Grenzen, die ein Onlinehändler mit technischer Hilfe überwinden muss.

Der Onlinekunde von heute hat gewisse Ansprüche: Er ist nicht bereit, in einem Webshop lange und umständlich nach einem Produkt zu suchen oder sich durch einen unübersichtlichen Bestellvorgang zu quälen. Es gibt genug andere Händler im Netz, bei denen er sich im Zweifel besser aufgehoben fühlt. Im schnellen und vernetzten Web verliert der Händler zudem bei jedem potenziellen Kunden, der abspringt, weil er sich nicht zurechtfindet, nicht nur den aktuellen Umsatz. Vielmehr erzählt der enttäuschte Surfer unter Umständen seinen Freunden oder in Netzwerken und Blogs von seinen schlechten Erfahrungen.

Ein guter Onlineshop sollte daher klar strukturiert und intuitiv zu bedienen sein – auch und gerade für Nutzer, die ihn das erste Mal besuchen. Die Benutzerfreundlichkeit heißt auf englisch „Usability". Wie „gebrauchstauglich" eine Software ist, ist in der internationalen Norm EN ISO 9241 festgelegt. Im Teil 11 des Standards werden dazu drei Leitkriterien festgelegt: Die Effektivität zur Bewältigung einer Aufgabe, die Effizienz bei der Handhabung des Systems sowie die Zufriedenheit der Nutzer.

Während ein schlecht konzipierter Shop demnach hohe Abbruchquoten hat, weil er den Besucher nicht zum Ziel führt, ihn zwingt, länger zu bleiben, als er will und schließlich frustriert, hat ein guter Onlineshop eine hohe Kaufabschlussrate: Der Konsument bekommt die Informationen, die er braucht, kann die Bestellung zügig über die Bühne bringen und fühlt sich emotional angesprochen. Er verweilt gerne im Shop, besucht ihn wieder und empfiehlt ihn bestenfalls weiter. Die so genannte Barrierefreiheit ist dabei die oberste Maxime: Jeder Internetnutzer muss, unabhängig von seiner technischen Ausrüstung, uneingeschränkt effektiv, effizient und „zufrieden" einkaufen können.

> **BEDIENUNGSFREUNDLICHKEIT IM ONLINESHOP**
>
> ⊃ EFFEKTIVITÄT:
>
> Der Kunde muss erfolgreich bestellen können.
>
> ⊃ EFFIZIENZ:
>
> Der Bestellvorgang muss ohne viel Aufwand in möglichst wenigen Schritten erledigt werden.
>
> ⊃ ZUFRIEDENHEIT:
>
> Der Kunde will/soll Spaß und ein gutes Gefühl beim Einkaufen haben.
>
> Usability nach EN ISO 9241

Auch im Onlinehandel gibt es übrigens den kleinen Unterschied: Während Männer, grob gesagt, zielgerichtet einkaufen und schnell die notwendigen Informationen über das Produkt lesen wollen, sind Frauen in aller Regel kommunikative „Lustkäufer": Sie wollen emotional unterhalten werden, mögen Inszenierungen, die sie zum Kauf anregen und tauschen sich auch gerne mal mit Gleichgesinnten aus. Noch immer aber vernachlässigen viele Onlinehändler den kommunikativ-emotionalen Aspekt bei ihrem Shopkonzept – und verpassen damit die Chance, shoppingbegeisterte Konsumentinnen für sich zu gewinnen.

Erwartung der Kunden

Es gibt grundsätzliche Anforderungen, die die Basis für einen übersichtlichen Shop bilden – Gestaltungsregeln, die der Internetnutzer inzwischen „gelernt" hat und somit auch erwartet. Links sind beispielsweise durch Unterstreichung gekennzeichnet. Alles, was unterstrichen ist, sollte der Nutzer auch anklicken können. Menüoptionen befinden sich auf jeder Seite im Shop in der gleichen Reihenfolge. Neben der gleichbleibenden Navigation auf allen Seiten des Shops sollten auch Typografie und Farbauswahl einheitlich gestaltet sein. Internetnutzer brauchen zudem einen „Rettungsklick", mit dem sie einfach und schnell wieder auf die Startseite kommen, wenn sie aus Versehen eine Funktion angeklickt oder eine falsche Seite aufgerufen haben.

Der Konsument muss zu jeder Zeit das Gefühl haben, dass er im Shop nichts falsch machen kann und stets über alle Vorgänge die Kontrolle behält. Artikel, die der Kunde einmal in den Warenkorb gelegt hat, muss er problemlos wieder herausnehmen können – genau wie bei einem echten Einkaufswagen. Der Warenkorb ist immerhin eines der Elemente, die der Onlinekäufer aus dem „echten" Leben kennt. Also sollte diese Einkaufshilfe auch möglichst so flexibel sein wie in einem stationären Handel: Der Kunde sollte einfach Produkte rein- und rausnehmen und zwischendurch noch mal das Etikett lesen können. Übertragen auf die Technik heißt das, dass es möglichst leicht sein sollte, zwischen Warenkorb und Produktinformationen hin- und herzuspringen, die einzelnen Artikel hineinzulegen, in der Menge zu verändern oder wieder zu entfernen sowie jederzeit schnell auf die Suche zugreifen zu können. Einzelne Bearbeitungsschritte müssen einfach wieder rückgängig gemacht werden können, auch und gerade bei dem letzten Schritt, dem „Check-Out-Prozess".

Wissen, was passiert

Der Anwender will außerdem zu jeder Zeit wissen, was passiert. So sollte er beispielsweise informiert werden, ob der angeklickte Artikel tatsächlich im Warenkorb liegt. Nutzt der Onlinehändler animierte Seiten, hilft der angezeigte Ladestatus dem Kunden abzuschätzen, wie viel Zeit das Laden noch braucht. Der Käufer sollte zudem auf einen Blick erkennen, ob er selbst eingeloggt und ob der Artikel verfügbar ist.

Die Eingabe zu vieler Daten wie etwa Informationen zur Person oder zur erwünschen Bezahlart ist langwierig und stört die Shoppinglaune. Hilfreich ist eine optische Angabe, die zeigt, wo genau sich der Kunde im Bestellprozess befindet und welche Schritte noch erforderlich sind. Innerhalb der einzelnen Schritte sollte der Kunde so wenig Aufwand wie möglich haben. Ein guter Shop sollte sowohl die Schnellbestellung ohne Anmeldung für Gelegenheitskäufer als auch ein Nutzerkonto für Vielbesteller anbieten.

Stöbern, merken, weiterempfehlen

Durch die „Stöber-Funktion" (Browsing) kann der Kunde sich in verschiedenen Kategorien umschauen. Artikel, die der Nutzer interessant findet, aber noch nicht kaufen will, sollte er auf einem digitalen Merkzettel oder einer Wunschliste speichern können. Der Kunde, der die Fundstücke speichern oder die Infos mit einem entsprechenden Link an Freunde und Bekannte weiterschicken kann, kann später ohne lange Suche einkaufen.

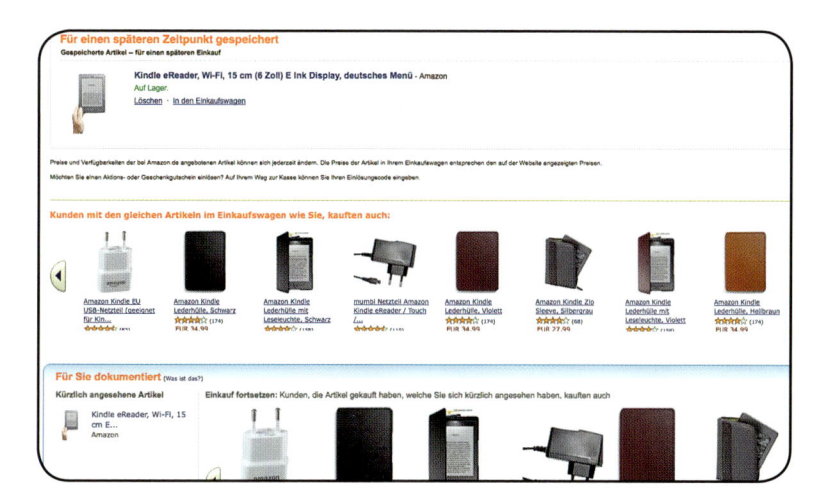

Der Kunde möchte über Preise, Sortiment und Qualität informiert werden. Mit einer ausführlichen, übersichtlichen Produktbeschreibung und der Möglichkeit, einzelne Produkte detailliert zu vergleichen, schafft der Händler online eine qualifizierte Kundenberatung. Ein zusätzliches Produktranking durch andere Käufer kann den Kunden bei seiner Entscheidung unterstützen.

Neben dem exakten Kaufpreis, der schon vor dem Weg zur Kasse klar erkennbar sein muss, sollten auch die Lieferkosten transparent ausgewiesen werden. Wenn ein Kunde Konditionen und Vertragsbedingungen erst länger suchen muss, entsteht leicht der Verdacht, dass der Shop unseriös sein könnte.

Fehleingaben vermeiden

Aktionen mit weitreichenden Konsequenzen, wie etwa das Ändern wichtiger Kontaktdaten durch den Kunden, sollte sich der Händler bestätigen lassen. Fehleingaben können durch konkrete Hinweise vor der Eingabe vermieden werden. Zum Beispiel sollte der Händler die Mindestlänge und Zusammensetzung von Passwörtern vorher kommunizieren. Wenn ein Kunde in einer Eingabemaske eine falsche Angabe macht, sollte das entsprechende Eingabefeld gut sichtbar markiert und der Fehler möglichst konkret und verständlich benannt werden. Statt einer schwammigen Fehlermeldung wie „Eingabe ungültig" ist eine Meldung wie „Geben Sie bitte das Datum im Format TT.MM.JJJJ ein" sinnvoll.

Der Webshop muss für neue, unerfahrene Kunden wie auch „alte Hasen" gleichermaßen attraktiv sein. Während regelmäßige Nutzer es schätzen, wenn wiederkehrende Aktionen automatisiert sind und in ihrem persönlichen Profil gespeichert werden, sind vorsichtigere Nutzer daran interessiert, auch ohne Kundenlogin bestellen zu können. „Stammkunden" können mit einer personalisierbaren Startseite begrüßt werden, bei der die individuell interessanten Inhalte dynamisch zusammengestellt sind.

Einfache Darstellung

Artikel, Aktionen oder Optionen sollten visualisiert werden. Im Warenkorb sollte neben der Artikelbeschreibung auch eine kleine Abbildung des Artikels stehen, damit der Kunde auf einen Blick sieht, welche Artikel sich im Warenkorb befinden, ohne die Beschreibung durchlesen zu müssen. In der Artikelbeschreibung sollten keine Fachbegriffe oder unbekannte Kunstwörter verwendet werden.

Produktbeschreibungen sollten für den Benutzer relevante Informationen enthalten. Je nach Produkt sind Bilder ansprechender als detaillierte technische Daten. Gute Bilder und mehrseitige Ansichten sowie eine Zoomfunktion zur Detaildarstellung, machen den Nachteil wett, dass der Kunde die Produkte nicht anfassen kann. Aber Vorsicht: Lieber keine als schlechte Bilder! Auch die Dialoge und Formulare sollten auf die Informationen reduziert werden, die für die Bedienung durch den Benutzer notwendig sind. Eingabefelder sind so kurz und prägnant benannt, dass der Nutzer sofort weiß, wo er welche Angaben eintragen soll.

Insgesamt sollte der Shop übersichtlich, hell und freundlich gestaltet sein. Sind die Farben zu intensiv oder ist der Sättigungsgrad zu hoch, wirkt der gesamte Shop schnell zu bunt und unseriös.

IM DETAIL:
STARTSEITE:
Keine zweite Chance für den ersten Eindruck
In wenigen Sekunden entscheidet sich der Kunde, ob ihm ein Shop gefällt oder ob er zur Konkurrenz weitersurft. Die Startseite entscheidet also über den Verbleib des Kunden und inspiriert ihn, sich in dem Shop umzuschauen. Studien zufolge bevorzugen Nutzer Seiten, deren Inhalt sie auf Anhieb überblicken und auf denen sie nicht „scrollen" müssen: Deshalb sollte der Kunde mit maximal anderthalb Scrollbewegungen die komplette Seite erfassen können. Weniger ist also mehr: Eine überfrachtete Startseite verwirrt den Kunden nur. Er muss allerdings auf den ersten Blick erkennen, welchen E-Shop er benutzt.

- Ansprechende farbliche Gestaltung für einen freundlichen Empfang.
- Klare Struktur für gute Orientierung:
  Schneller Überblick über die präsentierten Produkte
- Identität des Händlers schafft Vertrauen:
  Impressum, Logo, „Wir über uns"
- Sinnvolle Aufteilung des Sortiments in übersichtliche Kategorien vereinfacht die gezielte Suche und motiviert zum Schmökern.
- Inhalte sollen neugierig machen und zum Verweilen und Stöbern einladen, etwa mit emotional ansprechenden Teasern.
- Ansprechende Produktabbildungen
- Klarer Seitenaufbau
- Verschiedene Navigationsmöglichkeiten
- Suchfunktion
- Weniger ist mehr: Seite nicht überfrachten, auf so genannte Splashscreens wie Willkommensmeldungen und Flash-Intros verzichten.

PRODUKTSUCHE:
Schnell und einfach finden

Nichts ist nerviger als zu suchen: Wenn ein Kunde in einem Onlineshop zu lange nach einem Produkt forschen muss oder falsche Ergebnisse bekommt, gibt er entnervt auf. Als zentrales Element im Onlineshop muss die Suchfunktion einfach zu bedienen sein und genaue Suchergebnisse liefern. Die Suchfunktion sollte durch Analysen, welche Suchbegriffe am häufigsten eingegeben werden und welche keine Treffer landen, ständig verbessert werden.

- Produktsuche auf der Startseite im Blickfeld des Betrachters platzieren
- Filter anbieten, der die Zahl der Suchergebnisse einschränkt
- Den Nutzern schon während der Eingabe passende Treffer anzeigen
- Fehlertoleranz etwa gegenüber Tippfehlern: „Meinten Sie vielleicht …?"
- Umfassender Schlagwortkatalog, weil Kunden verschiedene Bezeichnungen kennen
- Hilfestellung durch Vorschläge und Empfehlung
- Tabellarische Ergebnisseite für eine bessere Orientierung

- Erkennbare und wählbare Reihenfolge, etwa aufsteigend nach Preis
- Stichpunktartige Artikel-Erläuterungen für eine Vorauswahl

KATEGORIENAVIGATION:

Gut geführt durch den Onlineshop

Der Wegweiser durch den Shop ist das wichtigste Orientierungselement – sowohl für Kunden, die zielgerichtet suchen, als auch für die, die sich umschauen und inspirieren lassen wollen.

- Gut erkennbare und plausible Struktur
- Einstiegsmöglichkeiten über Kategorie- oder Produkt-Teaser
- Verständliche und einheitliche Klickwege
- Nachvollziehbare Einteilung in Haupt- und Unterkategorien
- Gleichbleibende Klickpfade beim Vor- und Zurücknavigieren
- Passende Produkte miteinander in Verbindung setzen
- Links zu themenverwandten Kategorien
- Links für einen schnellen Zugriff auf oft genutzte Bereiche

Produktübersicht innerhalb einer Kategorie

- Einheitlicher Seitenaufbau für eine bessere Orientierung
- Kurze Darstellung der wichtigsten Produktinformationen
- Übersicht über die verschiedenen Unterbereiche und Funktionen
- Kategorie-Übersicht: Der erste Kontakt mit dem Produkt
- Lange Produktlisten gliedern
- Sortier- und Filtermöglichkeiten

PRODUKTINFORMATIONEN:

Gut informiert zum Käufer werden

Die Produktinformationen sind für den Kaufabschluss entscheidend, weil sich ein Kunde auf den Detailseiten für oder gegen das Produkt entscheidet. Gute Informationen minimieren zudem die Retourenquote.

- Für Kunden wichtige Produktdetails kommunizieren
- Einzigartigkeit des Produkts und Vorteile gegenüber anderen Produkten verdeutlichen

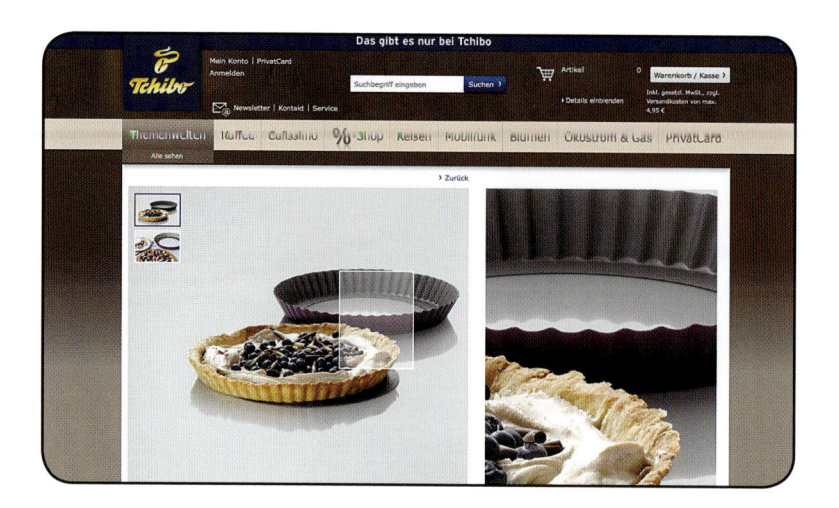

- ⇒ Einheitliche Darstellung der Produktinformationen, verständliche Texte
- ⇒ Wichtige Produktdetails auf den ersten Blick sichtbar machen und eventuell hervorheben
- ⇒ Ausführliche Produktbeschreibungen
- ⇒ Hinweise auf ergänzende Produkte
- ⇒ Verfügbarkeit angeben
- ⇒ Produktabbildungen: Verschiedene Perspektiven, Details, Zoom, Videos, Animationen wie etwas funktioniert, 360°-Ansichten

WARENKORB:

Letzte Entscheidung

Der Warenkorb steht zwischen dem Auswahl- und dem Bestellprozess. Der Kunde kontrolliert hier ein letztes Mal die Zusammenstellung seiner gewählten Produkte.

- ⇒ Von jeder Seite des Webshops erreichbar
- ⇒ Ändern und Löschen von Artikeln ermöglichen
- ⇒ Kurzinformationen über Art und Anzahl der ausgewählten Artikeln
- ⇒ Artikelbild neben Produktinformationen
- ⇒ Link zur ausführlichen Produktinformationsseite
- ⇒ Verfügbarkeit bzw. Lieferzeit angeben

- Transparente Kostenaufstellung: Preis jedes einzelnen Produkts, Versandkosten, Steuern, mögliche weitere Kosten, Gesamtsumme
- Einfaches Hinzufügen von Artikeln
- Rückmeldung über Änderungen des Warenkorbs
- Schaltflächen „Zurück zum Shop" und „Zur Kasse"
- Dezente Werbung für passende Produkte

„ZUR KASSE":

Nun wird es ernst

Der Bestellprozess ist ein sensibler Vorgang. Denn hier zeigt sich, ob der Konsument Vertrauen zu dem Händler hat - es geht schließlich um sein Geld und um sensible Daten. Daher sollte der Kunden zunächst einen Überblick darüber bekommen, wie der Bestellvorgang abläuft, und während des gesamten Prozesses sollten die bereits getätigten und noch ausstehenden Schritte angezeigt werden.

- Bestellprozess: Statusanzeige im oberen Bereich der Seite
- Verschiedene Zahlungsmöglichkeiten
- Klar gestaltete Formulare
- Pflichtfelder hervorheben
- Erklärungswürdige Felder kurz erläutern
- Fehlerbehebung durch Tipps, wie es richtig geht
- Zusammenfassung der Bestellung vor dem letzten Klick

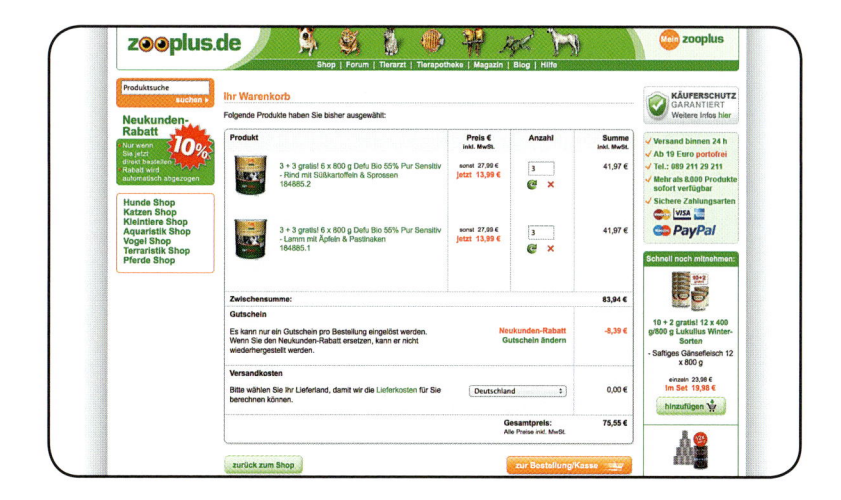

Hat der Kunde den entscheidenden Kaufklick gemacht, muss eine Bestellbestätigung erscheinen, die sich der Käufer ausdrucken kann. Außerdem bekommt er die Bestellbestätigung noch einmal per Mail. Sie sollte folgende Daten enthalten:

Bestellnummer, bestellte Artikel, Einzel- und Gesamtpreis, Versandkosten, eventuelle weitere Kosten, Lieferadresse, Rechnungsadresse, Zahlungsmethode, voraussichtlicher Liefertermin und die Telefonnummer des Kundenservices.

BEWEGTE BILDER

Ein Bild sagt bekanntlich mehr als tausend Worte. Also müssten viele bewegte Bilder theoretisch wahre Wunder bewirken. Und in der Tat können Videos die Produkte lebensnah präsentieren: Der Kunde sieht, wie ein Pullover fällt oder die Gartenschere richtig benutzt wird. Auf der anderen Seite ist der Aufwand, Videos anzubieten und einzubinden, sehr groß. Zunächst muss der Händler festlegen, ob er die Video-Datenbank selbst betreut, eine Videoplattform nutzt oder einen Dienstleister beauftragt. Wer das so genannte Hosting selbst übernehmen will, muss über entsprechendes technisches Wissen und die notwendigen Ressourcen verfügen. Für die meisten Onlineshops kann deshalb die bessere Lösung darin bestehen, einen Dienstleister zu beauftragen oder eine Videoplattform zu nutzen, bei der beispielsweise eine entsprechende Bandbreite vorhanden ist – die ruckelfreie Übertragung ist angesichts der Datenmenge nicht unwichtig.

DER VORTEIL: Auf Plattformen wie beispielsweise YouTube können Videos relativ einfach hochgeladen und auch recht einfach in die eigene Internetseite eingebunden werden. Allerdings werden die Videos auf der jeweiligen Plattform angeschaut und nicht im Webshop, was es schwieriger macht, durch das Video Umsätze für den eigenen Shop zu generieren. Außerdem profitiert der Onlinehändler im Sinne der Suchmaschinenoptimierung nicht davon, wenn andere Nutzer das Video von einer Plattform aus verlinken. Darüber hinaus gibt es weniger Analysemöglichkeiten, und möglicherweise werden sogar fremde Anzeigen zu dem Video geschaltet.

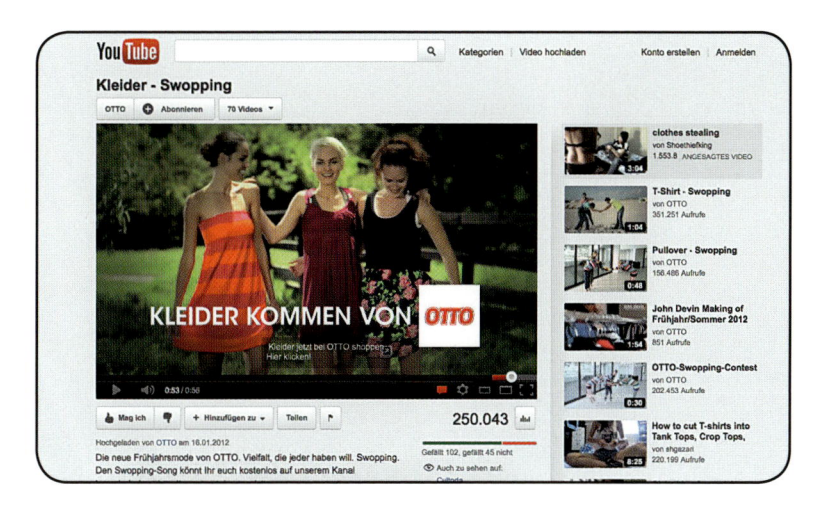

LOGISTIK

Vom Klick zum Kunden

Der Händler hat im Webshop alles richtig gemacht und der Kunde hat verschiedene Artikel bestellt. Nun muß die Ware aus dem Lager zum Kunden gelangen – und das möglichst schnell und sicher. Gut aussehen muss die Lieferung obendrein: Das Paket auszupacken ist für den Kunden der Abschluss des Onlinekaufs, fast schon wie das Auspacken eines Geschenks. Stimmt hier etwas nicht, schadet das dem Image des Händlers.

Das richtige Sortiment, der schönste Shop und die beste Werbung nutzen dem Onlinehändler also nichts, wenn die Prozesse im Hintergrund nicht rund laufen. Vor allem der Versandabwicklung und der Übergabe der Lieferung an den Kunden kommt als letztem Schritt des Onlineshoppings eine besondere Bedeutung zu. Außerdem sollte sich der Onlinehändler überlegen, welche zusätzlichen Leistungen er beim Versand anbieten will, etwa Geschenkverpackung, Lieferung zum Wunschtermin, Zustellung per Nachnahme sowie Paketverfolgung und Aufbauservice.

Damit der Ablauf nach der Annahme der Bestellung geschmeidig läuft, muss der Händler viele Dinge im Griff haben. Angefangen mit der Lagerhaltung über die Kommissionierung, Verpackung und Frankierung für den Versand bis hin zur Rechnungsstellung und zu eventuellen Mahnungen. Auch für das Retourenmanagement, sowie für eventuelle Ersatzteilversorgung, Reparaturen, Entsorgung und die Kundenbetreuung sollte der Händler über effiziente und den Kunden zufriedenstellende Prozessabläufe verfügen.

Kommissionierung

Nach dem Eingang der Bestellung und der Benachrichtigung des Kunden per Mail, beginnt die Versandabwicklung. Zunächst wird in aller Regel kommissioniert, also eine Packliste erstellt, die die gängigen Shop-Systeme automatisch erzeugen. Die Packliste informiert über Lagerplatz, Artikelnummer und Menge der bestellten Produkte, die der Onlinehändler aus dem Lager nimmt und zusammenstellt. Der aktuelle Lagerbestand sollte immer mit dem Angebot im Netz übereinstimmten. Wenn ein Produkt nicht mehr vorhanden ist, sollte der Kunde während des Onlinekaufs über den möglichen Liefertermin informiert werden; sind nur noch wenige Produkte vorhanden, sollte der Händler die Verfügbarkeit in der Produktanzeige im Webshop entsprechend anpassen. Ist dann doch einmal ein Produkt nicht vorhanden, ohne dass dies dem Kunden während des Bestellvorgangs mitgeteilt wurde, kann der Händler durch Service punkten, in dem er „persönlich" wird und den Kunden beispielsweise per Mail informiert und ein ähnliches Produkt als Ersatz empfiehlt.

Darüber hinaus werden der kommissionierten Ware Lieferschein, Rechnung, Adress- und Retourenaufkleber sowie gegebenenfalls sonstige Unterlagen etwa zur Rücksendung beigelegt. Die meisten Warenwirtschafts- und Shopsysteme erstellen diese Dokumente automatisch. Inzwischen gibt es in der entsprechenden Software oft Schnittstellen zu gängigen Paketdienstleistern. Der Vorteil: Durch die elektronische Bearbeitung werden „manuelle" Fehler minimiert, und außerdem wird Zeit gespart.

Richtig verpacken

Hat der Händler die Ware zusammengestellt, muss sie nur noch sicher beim Empfänger ankommen. Auch das hört sich einfacher an, als es ist: Die richtige Verpackung für den bestmöglichen Schutz der jeweiligen Ware zu wählen, die auch noch gut aussieht, wenn sie beim Kunden ankommt, ist fast schon eine Wissenschaft für sich. Beschädigungen sind nach der Begründung „Der Artikel passt nicht, gefällt nicht oder entspricht nicht der Produktbeschreibung" einer Umfrage zufolge der zweithäufigste Grund für Rücksendungen. Reklamationen, an denen die Verpackung schuld ist, sind zudem nicht nur ärgerlich, sondern auch teuer: Nach Angaben des Verbandes der Wellpappen-Industrie (VDW) kosten die vermeidbaren Transportschäden Jahr für Jahr mehr als 300 Millionen Euro.

Es gibt spezialisierte Hersteller und Logistikdienstleister, die je nach Ware entsprechende Verpackungen anbieten. Bei Flüssigkeiten oder Gefahrstoffen muss der Händler vorab mit dem Versanddienstleister klären, wie die Ware verpackt und gekennzeichnet werden muss.

Innere Werte

Grundsätzlich muss eine Verpackung nach außen gegen Beschädigung, Diebstahl und Witterung gewappnet sein. Aber auch das Paketinnere muss bestimmten Anforderungen genügen. Als Faustregel kann gelten: Weiche Polster für leichte Produkte, härtere Polster für schwere Fracht – Hauptsache, die Ware kommt nicht mit der Außenverpackung in Berührung und rutscht nicht unkontrolliert im Paket hin und her. Gebräuchliche Materialien zum Füllen, Polstern, Schützen und Fixieren sind Luftpolsterfolien, Holzwolle oder Verpackungschips.

Logistik

Der Karton muss grundsätzlich dem Gewicht des Paketinhalts standhalten. Der Händler sollte beim Versand auch immer an den späteren Transport denken: Form und Gewicht des Pakets sollten so sein, dass es sicher gegriffen, abgesetzt und gut verstaut werden kann. Außerdem sollte die Warensendung stapelfähig sein: Beim Stapeln entsteht hoher Druck, dementsprechend fest muss die Verpackung sein. Schwere Kartons sollten zusätzlich mit reißfesten, verstärkten „Filamentbändern" verschlossen werden.

Der Paketaufkleber gehört immer auf die größte Oberfläche des Pakets. Werden neben dem Paketschein noch andere Paketaufkleber verwendet, etwa zusätzliche Adressinformationen, dürfen sich diese nicht überlappen.

Mit den in der Shopsoftware vorgesehenen Schnittstellen zu den gängigen Versanddienstleistern kann der Händler seine einzelnen Sendungen etikettieren und frankieren und die entsprechenden Auftragsdaten an den Versanddienstleister übermitteln. Dort werden die Aufträge auch mit eventuellen Sonderwünschen weiterverarbeitet. Zu dem vereinbarten Zeitpunkt holt der Paketdienst die Sendung ab, und der Händler kann den aktuellen Sendungsstatus verfolgen.

Im Prinzip haben Paketdienstleister für Onlinehändler aller Größenordnungen eine passende Lösung. Neben dem Preis-Leistungs-Verhältnis können für die Wahl eines Logistikpartners auch die Lieferzeit, die zulässigen Größen und Gewichte eines Pakets und die Abrechnungsmodalitäten – beispielsweise ob man wöchentlich oder alle 14 Tage zahlt – sowie das weitere Service-Angebot des Paketprofis entscheidend sein.

Versenden und Zustellen

Onlinehändler können die Pakete selbst in den Filialen und Paketshops verschiedener Dienstleister abgeben oder Abhol- und Zustellrhythmen vereinbaren, wann die Pakete abgeholt werden sollen. Die meisten Dienstleister bieten auch die Bezahlung per Nachnahme sowie eine Identifizierung des Kunden und dessen Altersprüfung an. Der Versanddienstleister haftet bis zu einem bestimmten Betrag pro Paket, doch je nach Produktwert kann der Händler die Sendung gegen eine Zusatzgebühr höher versichern.

Der Service der Logistikdienstleister bis zum Konsumenten kann ebenfalls entscheidend für das „gute" Onlinekauferlebnis sein. Zum Beispiel, wenn der Kunde nicht zu Hause ist: Einige Dienstleister versuchen, das Paket noch einmal zuzustellen, bei anderen kann oder muss der Kunde es in einer Filiale, Packstation oder einem Paketshop abholen. Bei den meisten Dienstleistern können Kunden aber auch eine alternative Zustelladresse wie etwa den Arbeitsplatz oder einen Nachbarn angeben. Auch der Aufwand, den der Kunde mit der Rücksendung einer Lieferung hat, kann für ihn entscheidend bei der Beurteilung des Onlineshops sein.

Hat der Onlinehändler dem Logistiker die Auftragsdaten elektronisch übermittelt, hat er eine so genannte Tracking-ID für jedes Paket. Diese Kennung wird in dem System des Versanddienstleisters automatisch erstellt. Der Händler kann sie dem Kunden in der Versandbestätigung mitteilen, so dass dieser den aktuellen Standort und Status seiner Sendungen prüfen kann. Für ganz eilige Onlinekunden bieten Logistikdienstleister in aller Regel eine Express-Lieferung an.

...und wieder zurück: Retouren

Mit den Fernabsatzverträgen räumt der Gesetzgeber dem Privatkunden beim Internetkauf die Möglichkeit ein, Ware zurückzuschicken. Davon machen die Kunde je nach Branche rege Gebrauch – allen Bemühungen des Händlers, die Retouren im Webshop und bei der Logistik zu minimieren zum Trotz. Durchschnittlich beträgt die Retourenquote rund zehn Prozent, im Textilhandel beispielsweise ist sie deutlich höher. Die Bearbeitungs- und Portokosten, die der Händler zahlen muss, liegen bei etwa 12,50 Euro – und rund ein Fünftel der zurückgeschickten Ware kann der Händler nur noch als B-Ware oder gar nicht mehr verkaufen, wie eine Umfrage des „E-Commerce-Leitfadens" ergab.

Um die Retourenquote grundsätzlich zu senken, muss der Händler zuerst dem Grund für die Rücksendung auf die Spur kommen. So sollte er der Bestellung einen Fragebogen beilegen, auf dem die Kunden im Falle einer Rücksendung die Gründe dafür angeben und mitteilen können, ob sie Ersatz für die Ware (etwa in einer anderen Größe) haben wollen. Die Auswertung der Retouren ist für den Onlinehändler deshalb wichtig, weil er eventuelle Schwachstellen auf seiner Seite aufdecken kann. So kann er beispielsweise prüfen, ob die Produktbeschreibung eines oft zurückgeschickten Produkts fehlerhaft ist oder an welcher Stelle sie aussagekräftiger werden muss.

Der Kunde sollte auch auf die Möglichkeit hingewiesen werden, bei Problemen Kontakt zum Verkäufer aufnehmen zu können. Ist beispielsweise die Hundefutterdose leicht eingedellt, kann der Händler dem Kunden einen Nachlass gewähren, ohne dass der Kunde die Ware zurückschickt. Manche Produkte sind auch nicht defekt, wie der Kunde denkt, sondern vielleicht nur erklärungsbedürftig. Ein guter Kundenservice kann also nicht nur helfen, die Retourenquote zu senken, sondern trägt zur Zufriedenheit des Käufers bei – damit er hoffentlich bald wieder bestellt.

Grundsätzlich sollte dem Kunden der gesamte Retourenprozess verständlich erläutert werden. Zum einen mit einem kurzen „Retourenleitfaden", der der Lieferung beiliegt, zum anderen auf einer Seite im Onlineshop. Dabei sollte der Händler gleichermaßen auf den Service des Paketdienstleisters wie auch dessen Anforderungen bei den Rücksendungen hinweisen. So ist der Paketschein beispielsweise bei einigen Logistikern gleichzeitig der Retourenschein und sollte nicht beschädigt oder weggeworfen werden. Muss erst ein neuer Retourenschein erstellt werden, ist das aufwändig und zeitintensiv.

LOGISTIK AUSLAGERN

Es gibt inzwischen fast nichts mehr, was Dienstleister rund um die Logistik nicht übernehmen. Der Webshopbetreiber kann im Prinzip alles an einen so genannten Fulfillment-Dienstleister auslagern, von der Lagerhaltung, Kommissionierung und Verpackung über das Debitorenmanagement und weitere Serviceleistungen bis hin zum Retourenmanagement.

WIDERRUFS- ODER RÜCKGABERECHT

Kunden haben bei gewerblichen Anbietern entweder ein Widerrufs- oder ein Rückgaberecht. Beides erlaubt dem Käufer, im Rahmen einer Frist von mindestens 14 Tagen ohne Angabe von Gründen von einem über das Internet geschlossenen Vertrag zurückzutreten. Ausnahmen gibt es beispielsweise für verderbliche Waren.

Das Widerrufsrecht stellt gemäß § 355 BGB ein Recht jedes Verbrauchers dar, sich unter bestimmten Umständen von einem bereits geschlossenen, aber noch „schwebend wirksamen" Vertrag innerhalb gesetzlicher Fristen durch Erklärung des Widerrufs zu lösen. Beim Widerrufsrecht genügt ein formloses Schreiben des Kunden, auch per E-Mail. Der Käufer ist zur Rücksendung der Ware verpflichtet, falls diese sich als Paket versenden lässt. Sonst muss der Händler die Ware abholen. Im Falle des Widerrufsrechts können dem Kunden die Rücksendekosten auferlegt werden, wenn der Warenwert 40 Euro nicht übersteigt. Auf eine solche Regelung muss der Verkäufer den Kunden jedoch hinweisen.

Bei Fernabsatzverträgen kann der Händler dem Kunden anstelle des Widerrufsrechts auch ein Rückgaberecht einräumen. Dabei muss er bestimmte Anforderungen erfüllen, beispielsweise eine Belehrung in Textform und außerdem im Prospekt, im Katalog oder auf der Website. Erfüllt der Händler diese Anforderungen nicht, gilt das normale Widerrufsrecht.

Hat der Verkäufer dem Kunden statt des Widerrufsrechts ein Rückgaberecht eingeräumt, kann der Kunde den Vertrag nur lösen, wenn er den Artikel an den Verkäufer zurücksendet. Die Kosten für die Rücksendung oder Abholung muss grundsätzlich der Verkäufer übernehmen.

Gewährleistungsrecht

Unter dem Begriff der Gewährleistung versteht man die „Mängelhaftung", also die gesetzliche Verpflichtung des Verkäufers, für Mängel der Ware einzustehen. Die Gewährleistungspflicht des Verkäufers räumt dem Käufer Rechte ein, falls die Ware bei der Übergabe mangelhaft ist. Allerdings umfasst die Gewährleistung keine Fehler, die durch den Gebrauch verursacht werden. Die gesetzliche Gewährleistungspflicht für Neuware beträgt in Deutschland zwei Jahre ab dem Zeitpunkt der Warenübergabe. Bei gebrauchter Ware kann ein gewerblicher Verkäufer diese Frist auf ein Jahr verkürzen. Der Händler kann die Gewährleistungspflicht – auch nur für bestimmte Teilbereiche – freiwillig mit einer Garantie auf einen längeren Zeitraum ausdehnen.

Wenn die Ware tatsächlich einen Mangel aufweist, also nicht die im Kaufvertrag vereinbarte Beschaffenheit zeigt oder nicht die für den üblichen Gebrauch erforderlichen Eigenschaften besitzt, stehen dem Kunden bestimmte Rechte zu.

Der Händler hat zunächst das Recht zur Nacherfüllung. Er kann also den Mangel durch Reparatur oder Nachlieferung mangelfreier Ware beheben. Hierbei kann der Käufer entscheiden, was er bevorzugt. Das Gesetz verlangt, dass der Kunde dem Verkäufer eine angemessene Frist zur Nacherfüllung setzt.

Weigert sich der Verkäufer oder ist die Nacherfüllung nicht erfolgreich, kann der Onlinekunde vom Vertrag zurücktreten. Den Rücktritt muss er gegenüber dem Händler allerdings erklären und die Ware zurücksenden. Der Verkäufer ist dann zur Erstattung des Kaufpreises verpflichtet. Der Onlinehändler kann auch rückfragen, ob der Kunde den mangelhaften Artikel behalten will und sich mit ihm darauf einigen, einen Teilbetrag des Kaufpreises zu erstatten.

Gängige Logistikdienstleister

DEUTSCHE POST DHL

Wie viele Annahme- und Abholstellen haben Sie?

Die Deutsche Post DHL verfügt über rund 20.000 Filialen und Verkaufsstellen, ca. 2.500 Packstationen sowie rund 1.000 Paketboxen.

Was ist das maximal zulässige Paketgewicht?

Das maximale Gewicht eines DHL Pakets beträgt 31,5 kg. Mit dem Service Maxitransport sind gegen Aufpreis bis zu 100 kg möglich.

Zwischen welchen Bezahlarten kann der Konsument bei einer Nachnahme wählen?

An einer Packstation kann er mit EC- oder Geldkarte, beim Zusteller in bar bezahlen.

Wie sieht Ihre Standardhaftung aus?

Für DHL Pakete beträgt die Haftung 500 Euro.

Wie viele Zustellversuche unternehmen Sie?

Wird der Empfänger nicht angetroffen, so gibt es verschiedene Möglichkeiten: Zustellung beim Nachbarn oder Benachrichtigung/Umleitung der Sendung in die nächstgelegene Packstation oder Postfiliale. In diesem Fall kann der Empfänger eine kostenlose Zweitzustellung beauftragen. Für Empfänger, die tagsüber nicht zu Hause anzutreffen sind, wird beispielsweise die Nutzung der DHL Packstation empfohlen.

Wie lange lagern Sie nicht zugestellte Sendungen?

Die Lagerfrist in der Filiale beträgt sieben Werktage.

www. www.dhl.de/ecommerce

DPD DYNAMIC PARCEL DISTRIBUTION

Wie viele Annahme- und Abholstellen haben Sie?

Deutschlandweit: 75 DPD Depots und mehr als 4.000 DPD Paket-Shops.

Was ist das maximal zulässige Paketgewicht?

31,5 Kilogramm

Zwischen welchen Bezahlarten kann der Konsument bei einer Nachnahme wählen?

Nachnahmesendungen sind vom Empfänger in bar zu begleichen.

Wie sieht Ihre Standardhaftung aus?

Alle von DPD transportierten Pakete sind automatisch bis zu einem Warenwert von maximal 520 Euro versichert. Gewerbliche Versender haben auf Wunsch die Option auf eine Höherversicherung.

Wie viele Zustellversuche unternehmen Sie?

Bei DPD gibt es maximal drei Zustellversuche.

Wie lange lagern Sie nicht zugestellte Sendungen?

Nach dem zweiten Zustellversuch wird das Paket maximal sieben Kalendertage gelagert. Nach einem erfolglosen dritten Zustellversuch kann das Paket noch am nächsten Werktag abgeholt werden.

www.dpd.com/de

GLS GERMANY

Wie viele Annahme- und Abholstellen haben Sie?

GLS verfügt in Deutschland über 57 Depots (davon 18 Regionale Verteilzentren) und einen Zentralumschlag in Neuenstein/Hessen. Hinzu kommen rund 5.000 GLS Paket Shops in niedergelassenen Geschäften, in denen sporadische Versender ihre Pakete für den Versand abgeben und die sie als alternative Zustelladresse nutzen können.

Logistik

Was ist das maximal zulässige Paketgewicht?

Das Maximalgewicht pro Paket beträgt innerhalb Deutschlands 40 Kilogramm, im internationalen Versand 50 Kilogramm.

Zwischen welchen Bezahlarten kann der Konsument bei einer Nachnahme wählen?

Der Nachnahme-Service heißt bei GLS Cash-Service. Der Betrag wird beim Fahrer in bar bezahlt. Der Empfänger erhält eine Quittung über den gezahlten Betrag. Das Geld überweist GLS dem Versender in der Regel innerhalb von drei Werktagen bei Inlandssendungen. Bei Sendungen nach Österreich oder Polen sind es sieben bis acht Werktage.

Wie sieht Ihre Standardhaftung aus?

Jede GLS Sendung ist standardmäßig bis zum Warenwert, maximal 750 Euro pro Paket, versichert. Für Vertragskunden ist auch eine Höherversicherung möglich.

Wie viele Zustellversuche unternehmen Sie?

GLS unternimmt bis zu zwei Zustellversuche. Ist der Empfänger beim ersten Kontakt nicht zuhause, versuchen die Zustellfahrer, das Paket einem Nachbarn oder einem in der Nähe gelegenen Paket Shop zu übergeben, wo der Empfänger es dann abholen kann. Ist beides nicht möglich, nimmt er das Paket mit zurück ins Depot. Dann kann der Empfänger unter www.uni-track.de nach Eingabe der Track-ID auf der Karte entscheiden, was mit dem Paket als nächstes passieren soll: Er kann eine neue Zustelladresse innerhalb Deutschlands angeben, eine erneute Zustellung an die ursprüngliche Adresse zu einem bestimmten Termin ordern oder das Paket in einen beliebigen GLS Paket Shop bringen lassen. Gibt es einen sicheren Platz auf dem eigenen Grundstück, kann eine Abstellgenehmigung eine gute Lösung sein. Der Auftrag lässt sich auch telefonisch ändern. Ist das Paket nach dem zweiten Zustellversuch wieder unzustellbar, muss der Empfänger es im zuständigen Depot abholen.

Wie lange lagern Sie nicht zugestellte Sendungen?
Sowohl Paket Shops als auch Depots halten die Pakete bis zu neun Werktage lang zur Abholung vor.

www.gls-group.eu

HERMES EUROPE

Wie viele Annahme- und Abholstellen haben Sie?
Die Hermes Logistik Gruppe Deutschland verfügt bundesweit über 14.000 PaketShops – etwa in Kiosken, Bäckereien und Tankstellen. Auf Wunsch können die Online- und Versandhandelskunden ihre Sendungen dort nicht nur aufgeben, sondern auch abholen.

Was ist das maximal zulässige Paketgewicht?
31,5 Kilogramm

Zwischen welchen Bezahlarten kann der Konsument bei einer Nachnahme wählen?
Bei Sendungen im Nachnahme-Service bieten wir derzeit ausschließlich die Barzahlung an.

Wie sieht Ihre Standardhaftung aus?
500 Euro Haftung je Paket, 1.000 Euro Haftung je Reisegepäckstück.

Wie viele Zustellversuche unternehmen Sie?
4

Wie lange lagern Sie nicht zugestellte Sendungen?
Beim so genannten Urlaubsservice kann der Kunde die Lagerung seiner Sendung für 3 Wochen veranlassen. Bei Sendungen, die nach dem drit-

ten Zustellversuch nicht zugestellt werden konnten, erhält der Empfänger eine schriftliche Benachrichtigung, in der er um Kontaktaufnahme zu unserem Kundenservice gebeten wird. Hier werden dann Adresse und Zeitpunkt der erneuten Zustellung vereinbart. Die finale Rücksendung erfolgt nach dem vierten erfolglosen Zustellversuch.

www.profipaketservice.de

SWISS POST INTERNATIONAL GERMANY

Wie viele Annahme- und Abholstellen haben Sie?

Swiss Post International Germany holt die Sendungen deutschlandweit bei Geschäftskunden für den Versand ab. Die Zustellung erfolgt direkt zum Empfänger.

Was ist das maximal zulässige Paketgewicht?

Mit B2C-Parcel versendet Swiss Post International Germany Waren bis zu einem Gewicht von 31,5 Kilogramm europaweit.

Zwischen welchen Bezahlarten kann der Konsument bei einer Nachnahme wählen?

Wegen der äußerst geringen Nachfrage bietet Swiss Post International Germany derzeit keine Nachnahmesendungen mehr an.

Wie sieht Ihre Standardhaftung aus?

Kleinwaren bis zu einem Gewicht von zwei Kilogramm sind nicht versichert. Mit B2C-Parcel verschickte Waren sind derzeit europaweit mit 50 Euro pro Sendung versichert. Ab Sommer / Herbst 2012 ist geplant, B2C-Parcel-Sendungen bis zu 500 Euro pro Paket zu versichern.

Wie viele Zustellversuche unternehmen Sie?

Bei B2C-Parcel werden grundsätzlich mehrere Zustellversuche unternommen, um den Online-Handel einen optimalen Vertriebsweg anzubieten. Die genaue Zahl der Zustellversuche ist abhängig vom jeweiligen Land.

Wie lange lagern Sie nicht zugestellte Sendungen?

Das ist pro Land in ganz Europa verschieden und hängt je nachdem davon ab, wie der Onlinehändler die Retourenlösung wünscht und vereinbart.

www.swisspost.de

UPS

Wie viele Annahme- und Abholstellen haben Sie?

In Deutschland fast 300.

Was ist das maximal zulässige Paketgewicht?

70 Kilogramm pro Paket. Sendungsgewicht nicht limitiert, UPS transportiert auch Fracht.

Zwischen welchen Bezahlarten kann der Konsument bei einer Nachnahme wählen?

Scheck und Barzahlung.

Wie sieht Ihre Standardhaftung aus?

510 Euro pro Sendung.

Wie viele Zustellversuche unternehmen Sie?

Bis zu drei.

Wie lange lagern Sie nicht zugestellte Sendungen?

5 Arbeitstage (Montag bis Freitag als Arbeitstage gerechnet).

www.ups.com

MARKETING

Klappern gehört zum Handwerk

Der schönste Onlineshop nutzt nichts, wenn keiner weiß, dass er existiert. Deshalb ist es die zunächst wichtigste Aufgabe im Onlinehandel, den Webshop der Netzwelt überhaupt sichtbar zu machen. Der Händler sollte also eine günstige Position in den Suchmaschinen bekommen. Ist aus dem Surfer dann ein Kunde geworden, muss der Händler ihn mit verschiedenen Marketingaktionen zu einem „treuen" Kunden machen, der wiederkommt und den Shop weiterempfiehlt. So sind die „Basics" ein Muss, die emotionale Kundenansprache aber ist zum entscheidenden Erfolgsfaktor im nicht mehr ganz so jungen Internetgeschäft geworden.

Um eine etwas abgenutzte Floskel zu bemühen: Im Internet ist der Wettbewerber nur einen Klick weit entfernt. Damit der Onlinehändler sich von anderen absetzen kann, sollte er das Marketing als einen zwar teuren, aber auch sinnvollen Kostenblock einrechnen. Unerlässlich ist, dass er im Vorfeld eine Strategie festlegt, den Erfolg einer jeden einzelnen Werbemaßnahme sorgfältig überprüft und gegebenenfalls das Budget entsprechend umschichtet und anpasst. Denn im Internet kennt der Händler endlich alle seine Kunden anhand deren Daten.

Doch damit der Spaß für den Kunden nicht zu kurz kommt, sollte der Händler trotz aller klugen Logarithmen, die er auswerten kann, auch weiterhin auf sein Bauchgefühl hören. Denn der Kunde will individuell wahrgenommen und angesprochen werden – und nicht nur zielgruppenoptimierter Ansprechpartner sein. Das bedeutet, dass es nicht schadet, an Punkten wie einer Hotline oder einem Blog den Ansprechpartnern ein „Gesicht" zu geben: Menschen wollen mit Menschen reden, nicht mit Maschinen. Die direkte Kommunikation mit dem Kunden trägt zum Erfolg des Onlineshops entscheidend bei.

Suchmaschinen-Optimierung

Suchmaschinen arbeiten nach einem bestimmten Algorithmus, der von den Betreibern streng geheim gehalten wird. Insgesamt sollen es mehr als 1.000 Einzelkriterien sein, die bei der Platzierung einer Internetpräsenz eine Rolle spielen. Da diese Kriterien regelmäßig geändert oder anders gewichtet werden, unterliegen die Suchmaschinenergebnisse einer enormen Dynamik. Das Optimieren einer Seite sollte daher einem ständigen Überwachungs- und Bearbeitungsprozess unterliegen.

Da der Internetsuchende meist nur oben auf die erste Ergebnisseite schaut, ist es das Ziel des Onlinehändlers, genau dort auf der ersten Seite möglichst weit oben aufzutauchen, um gefunden zu werden. Allerdings fühlen sich die Suchmaschinen-Betreiber nur dem Suchenden verpflichtet, weshalb für die Top-Platzierung beispielsweise bei Google unter anderem der „Page-Rank" entscheidend ist, der anzeigt, für wie relevant der Suchmaschinenanbieter eine Seite hält. Dabei bedeutet das englische Wort „Page" im Übrigen nicht etwa „Seite", sondern zitiert den Nachnamen von Larry Page, einem der beiden Google-Gründer.

Grundsätzlich will der unangefochtene Marktführer Google inzwischen alles bestrafen, was nach technischer Trickserei aussieht. Relevant wird ein Shop daher für den Suchmaschinenbetreiber unter anderem dann, wenn viele Seiten auf das Webangebot verweisen: Dazu sollte der Onlinehändler beispielsweise in öffentlichen Webforen auftauchen, weil diese häufig von vielen privaten Webseiten verlinkt werden, die sich mit den Themen des entsprechenden Forums beschäftigen.

Wer schnell gefunden werden will, sollte sich darüber hinaus auf konkrete Suchwörter konzentrieren, die Sprache seiner Kunden sprechen und verschiedene Schreibweisen wie zum Beispiel „Online-Handel" und „Onlinehandel" beachten.

Außerdem werden „seriöse" Inhalte honoriert: Es lohnt sich, etwas Mühe in die einzelnen Produktbeschreibungen zu investieren, statt den immer gleichen Inhalt zu kopieren. Gute Überschriften, Unterzeilen, Zwischenüberschriften und Aufzählungen sind hilfreich für ein gutes Ranking. Im ersten Absatz sollten die aussagekräftigsten Informationen auftauchen.

Einfach nur „Keywords" hintereinander zu reihen wird hingegen genau so abgestraft wie das bloße Abbilden statischer Inhalte. Der Händler sollte den Webshop also regelmäßig inhaltlich pflegen und Inhalte, Links und Technik prüfen, ob diese nach wie vor aktuell und korrekt sind. Auch die so genannte „Usability", also die Nutzerfreundlichkeit, spielt inzwischen eine Rolle: Verweilen die Besucher zu kurz und ist die Absprungrate insgesamt zu hoch, wirkt sich das negativ auf die Listung der Webseite aus – wie im Übrigen auch, wenn die Werbung im Vergleich zum Inhalt als zu dominant bewertet wird.

Zudem wirken weiterführende Medieninhalte wie Links, eingebettete Bilder und Videos auf die Logarithmen seriös. Auch Pro und Kontra zu den Produkten und ein Blog, der ständig neue Inhalte „produziert", sind vorteilhaft. Zudem werden Soziale Netzwerke mehr und mehr zum strategischen Trend in der Suchmaschinenoptimierung: Die Suchmaschinen belohnen Dinge wie „Gefällt mir"-Buttons, von den Nutzern elektronisch gesetzte Lesezeichen („Bookmarks") oder Weiterleitungen.

Google zeigt zudem inzwischen die (möglichen) Ergebnisse an, während der Nutzer den Suchbegriff tippt. Neben dieser „Instant Search" genannten Funktionalität, die die Suche beschleunigt, sollen auch immer mehr für den Nutzer relevante Informationen bestmöglich auf dem Suchbildschirm verteilt werden. Neben den Informationen, die die Suchmaschine bei dem eigenen Sozialen Netzwerk GooglePlus findet, sind dies bei den Anzeigen „Google AdWords" auch Produktbilder in der rechten Anzeigenspalte, Telefonnummern sowie Angaben zum Bestand oder Bewertungen im Umfeld der Produktanbieter. Onlinehändler können also ihre Chancen verbessern, wenn sie die Suchmaschine mit möglichst vielen dieser Daten „füttern". Das bedeutet konkret, dass der Händler möglichst umfassende Produktdaten und Bilddaten-Beschreibungen in seinem Webshop pflegt.

Zudem nimmt die Smartphone-Dichte zu, sodass das Internet inzwischen auch oft mobil genutzt wird. Eine für mobile Endgeräte optimierte Sucheingabe und Ergebnisdarstellung reicht allerdings nicht: Denn Kunden suchen von unterwegs, was es in ihrer näheren Umgebung so alles gibt – ob Shopping, Restaurants oder Geldautomaten. Eine für mobile Endgeräte optimierte Seite muss also „schlank" sein, damit sie sich auch über das Handy schnell aufbaut, sowie Informationen über das eigene lokale Angebot bieten. Wenn die Nutzer künftig vermutlich immer öfter Suchworte einsprechen statt einzutippen, sollte der Händler komplizierte Worte und Namen vermeiden.

Suchmaschinen-Werbung

Unternehmen können bei Suchmaschinen Anzeigen schalten, die genau in dem Moment in Erscheinung treten, wenn der Surfer über ein Schlüsselwort ein Produkt sucht. Der Vorteil: Der Händler zahlt in aller Regel nur dann, wenn der Nutzer tatsächlich auf die Anzeige klickt.

Google bietet die so genannte AdWord-Werbung an, bei der Unternehmen in Verbindung mit einem Schlüsselbegriff – auch „Keyword" oder eben „Adword" genannt – werben. Interessenten können hierzu bei der Suchmaschine Google diese Schlüsselwörter „buchen" und mit ihrer Werbeanzeige verknüpfen. Dann erscheinen kleine Textanzeigen von drei Zeilen Länge und die Internet-Adresse (URL) des Werbenden – und zwar immer dann, wenn ein Internetnutzer in das Suchfeld der Suchmaschine das bestimmte Schlüsselwort eingibt.

Der Vorteil für den Werbetreibenden: Die Anzeige wird nur den Nutzern gezeigt, die sich für das spezielle Thema interessieren. Wirbt der Händler also über AdWords, muss er nicht nach seiner Zielgruppe suchen, sondern seine Zielgruppe findet sozusagen ihn.

Der Händler zahlt in aller Regel nur dann, wenn der Nutzer tatsächlich auf die Anzeige klickt. Zudem kann der Werbetreibende die Kosten im Blick behalten: Er legt fest, welchen Preis pro Klick er zahlen will. Um auf einem der begehrten Spitzenplätze zu landen, gilt die Faustregel: Je spezieller und konkreter das Stichwort, desto höher ist die Chance, bei der Suchanfrage auf der Pole Position bei Google zu landen.

Allerdings können solche Stichwörter inzwischen durchaus einige Euro pro Klick „wert" sein. Weil sich nach diesem Gebot des Werbetreibenden die Platzierung in der Suchmaschine richtet, haben es je nach Branche viele finanzstarke Unternehmen auf dasselbe, lukrative Such-Stichwort abgesehen; eine Top-Position ist für kleinere Händler somit bisweilen unerschwinglich. Denn bezahlt wird per Klick – gekauft hat der Interessent dann noch lange nichts.

Ein Vorteil ist die Kostenkontrolle: Der Werbetreibende kann ein Budget festlegen, etwa ein Limit von fünf Euro am Tag oder 30 Euro im Monat.

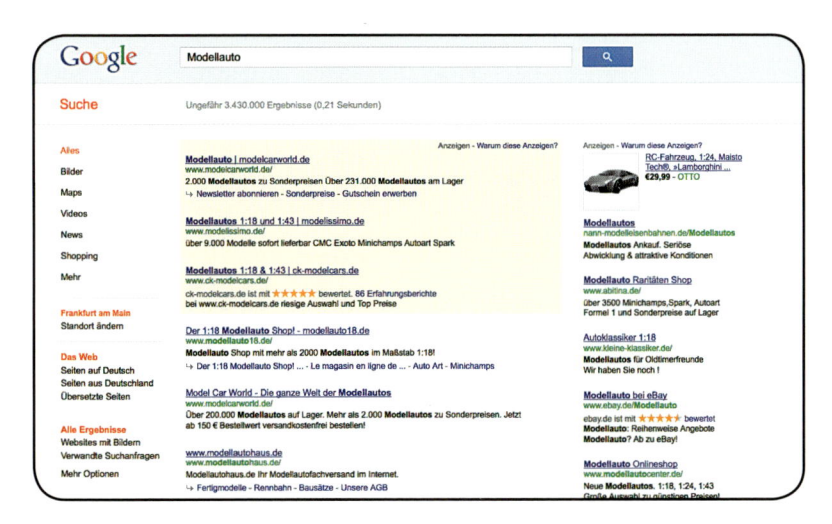

Außerdem erhält der Werbende eine Auswertung jedes Klicks inklusive einer Effizienzmessung über die kostenlosen Statistik- und Analyse-Tools von Google AdWords.

Klassische Online-Werbung

Die Bannerwerbung wird inzwischen als Grafik- oder Animationsdatei in die Webseite eingebunden. Wer auf das Banner klickt, bei dem ein so genannter Hyperlink hinterlegt ist, wird auf die Website des Werbenden weitergeleitet. Die Banner können in die Seite eingebettet werden oder sich für einige Sekunden über die Seite legen.

Die Betreiber der Internetseite verdienen entweder daran, wie oft das Banner des werbenden Unternehmens bei dem Besuch der Seite eingeblendet wurde oder aber daran, wie oft Besucher auf das geschaltete Banner geklickt haben. Zudem kann der werbende Händler auch eine „Erfolgsprämie" zahlen. Dann bekommt der Internetseiten-Betreiber erst Geld, wenn eine Bestellung in dem Onlineshop eingegangen ist. Die so genannte Konversionsrate gibt an, wie viel Prozent der Klicks auf ein Banner tatsächlich zu einer Bestellung geführt haben.

Für Onlinehändler kann die Bannerwerbung bei Portalen und Foren, die die Zielgruppe des Händlers frequentieren, durchaus sinnvoll sein. Doch Vorsicht: Animierte Werbebanner werden von vielen Surfern als störend empfunden.

Gutscheine

Gutscheine sind eine gute Möglichkeit, neue Kunden zu gewinnen und die Beziehung zu bestehenden Kunden zu pflegen. Denn die so genannten Coupons bedienen sich psychologischer Tricks: Der Mensch spart gerne, wird gerne überrascht und will das Gefühl haben, „clever" zu sein – Rabattangebote lassen die Kaufhandlung also positiver erscheinen. Und für den Händler haben Gutscheinaktionen den Vorteil, dass die Kosten im Vergleich zu anderen Werbeformen verschwindend gering sind.

Webshopbetreiber können beispielsweise für den ersten Einkauf eines Kunden einen Rabatt gewähren und den Gutschein an einen Mindestumsatz knüpfen. Auch mit Freundschaftswerbungen kann man neue Kunden gewinnen: Wenn der Kunde den Gutschein im Bekanntenkreis verteilt und einen neuen Kunden wirbt, bekommen sowohl der Werbende als auch der Geworbene eine Belohnung. Der Onlinehändler kann sich auch mit einem Gutschein entschuldigen, wenn es kleine Pannen gab.

Kennt der Händler seine Kunden besser, kann er ihnen Coupons für Produkte anbieten, die diesen interessieren könnten – beispielsweise Rabatte auf die neue Kollektion oder ausgewählte Produkte. Die Aussendung des personalisierten Coupons sollte mit einem vorangegangen Kauf verknüpft werden, der nicht zu lange zurückliegt – leicht zeitversetzt nach dem Erhalt der Sendung. Der Händler kann den Coupon auch einer Bestellung beilegen. Das ist dann etwas teurer als das Verschicken per Mail, weil Druckkosten und je nach Aufwand Kosten für Design, Satz und Text anfallen.

Damit eine so genannte Couponing-Aktion erfolgreich ist, sollte der Händler möglichst viele Informationen über den Kunden sammeln, um ihm ein individuell gut passendes Angebot machen zu können. Dabei ist es nicht nur wichtig, die Bestellhistorie des Kunden zu kennen und auszuwerten, sondern auch die Rückläufe und somit den Erfolg einer jeden Aktion zu analysieren. Um ein Gefühl dafür zu bekommen, wie gut das jeweilige Angebot auf die Kundenbedürfnisse zugeschnitten war, muss der Händler auch die Streuverluste festhalten – wenn mindestens jeder 15. Kunde seinen Coupon eingelöst hat, lief eine Aktion beispielsweise ganz gut.

Newsletter & Co.

Auch das klassische E-Mail-Marketing gehört als Instrument zur Kundengewinnung und -bindung noch lange nicht aufs Altenteil – zumindest, wenn die Mails wohldosiert und treffgenau konzipiert sind. Newsletter & Co. haben den Vorteil, dass der Händler kostengünstig mit seinem Kunden in den Dialog treten kann. Daher sollte auf eine „Do not reply"-Angabe im Text verzichtet werden, denn die erstickt die Kommunikation im Keim.
Neben den Standardmails wie beispielsweise Bestellbestätigungen oder Versandinformationen kann der Webshopbetreiber Konsumenten auch per Mail an immer wiederkehrende Käufe erinnern und zu persönlichen Anlässen wie Geburtstagen gratulieren.

Newsletter sollten mit Themen bestückt werden, die für den jeweiligen Kunden relevant sind – der Händler kann etwa über Sonderangebote und Schnäppchen informieren, Aktionen ankündigen, Gewinnspiele anbieten, vorab neue Produkte oder Kollektionen präsentieren oder die Aufmerksamkeit auf bestimmte Sortimente lenken.

Auch bei dieser Marketingform ist es wichtig, den Erfolg einer jeden Kampagne zu messen: Die Technik ist inzwischen so weit, dass der Händler sehr gut sehen kann, wie der Newsletter ankommt – ob er geöffnet wird, welche Themen besonders gut geklickt und welche Produkte dann tatsächlich gekauft werden.

Wer neue Kunden per E-Mail-Marketing finden will, muss aufpassen, dass er einen seriösen Adresshändler findet: Sonst verstößt der Händler nicht nur gegen geltendes Gesetz, sondern vergrätzt auch potenzielle Kunden. Rechtlich gesehen ist E-Mail-Werbung nur dann zulässig, wenn die Zustimmung des Empfängers vorliegt. Dies ist zum Beispiel der Fall, wenn Abonnenten eines Newsletters ausdrücklich zugestimmt haben, weitere Informationen per E-Mail erhalten zu wollen. Die Streuung einer „unpersönlichen" Aktion ist zudem sehr hoch, der Erfolg oft entsprechend niedrig. Möglich ist es aber, in einem Newsletter eines Internetportals, das die Zielgruppe des Händlers frequentiert, zu werben und sozusagen huckepack und zielgerichteter E-Mail-Marketing zu betreiben.

RECHT BEIM E-MAIL-MARKETING

Der Verband der deutschen Internetwirtschaft hat eine neue Auflage über die Richtlinien für zulässiges E-Mail-Marketing veröffentlicht. Die aus Unternehmenssicht wichtigen rechtlichen Fragen beim E-Mail-Versand sind demnach:

- Liegt die Einwilligung der Empfänger vor?
- Kann die Einwilligung nachgewiesen werden?
- Wissen die Empfänger, wozu sie eingewilligt haben?
- Wurden die Empfänger auf die Abbestellmöglichkeit hingewiesen?
- Erhalten die Empfänger eine E-Mail-Bestätigung ihrer Einwilligung?
- Können E-Mails bequem abbestellt werden?
- Wird auf Anfragen und Beschwerden reagiert?
- Ist der Betreff nicht irreführend?

> ⊃ Ist der Absender klar erkennbar?
> ⊃ Ist das Impressum vollständig?
> ⊃ Liegt ein Fall der Auftragsdatenverarbeitung vor, und wurden die entsprechenden gesetzlichen Vorgaben eingehalten?
>
> Die ausführliche Richtlinie kann im Internet kostenlos abgerufen werden:
>
> www.eco.de/RichtlinieOnlineMarketing

Affiliate-Marketing

Affiliate Marketing ist eine Onlinekooperation: Dabei stellt der Anbieter, der „Merchant", dem Partner („Affiliate") Werbemittel zur Verfügung, die dann beispielsweise auf den Webseiten oder in Newsletter eingebunden werden. Der Partner wirbt so für die Produkte oder Dienstleistungen des Händlers und erhält für jede auf diese Weise zustande kommende Transaktion eine zuvor ausgehandelte Provision. Die Abrechnung erfolgt über einen speziellen Code, der den Affiliate eindeutig identifiziert und als Basis für die Provision dient. Die Provision kann dabei für die reinen Klicks „Cost Per Click", die Kontaktaufnahme des Kunden „Cost Per Lead" oder den tatsächlichen Verkauf „Cost Per Sale" fließen. Darüber hinaus gibt es inzwischen eine Reihe weiterer Abrechnungsmodelle. Der Vorteil: Der Händler kann durch das Provisionsmodell den Erfolg gut messen, seine Vertriebsreichweite steigern und seine Präsenz im Web ausbauen.

Kundenpflege

Den Vorteil, den stationäre Händler mit ihrem Bauchgefühl haben, macht das elektronische Geschäft mit den Kundendaten wett. Der Webshopbetreiber kann auf einen wahren Informationsschatz zugreifen – und sollte dies auch nutzen. Er kann analysieren, wie die Kunden den Weg zum virtuellen Laden gefunden haben und wie sich die Besucher im Webshop bewegen: Von welcher Suchmaschine und mit welchem Suchbegriff die Besucher kommen, welchen „Klickpfad" sie im Shop hinterlassen, wie lange sie bleiben und an welcher Stelle sie von welcher Seite aussteigen. Doch Vorsicht: Wenn der Kunde merkt, dass der Händler viel über ihn weiß, ist das eher kontraproduktiv.

Wer neben dem Onlineshop auch einen stationären Laden hat, sollte versuchen, seine Kunden auch für die Internetseite zu begeistern – und entsprechende Inhalte anbieten, die der Zielgruppe gefallen, beispielsweise Informationen und Neuigkeiten rund um die Produkte vermitteln sowie die Möglichkeit bieten, sich mit Gleichgesinnten auszutauschen.

Zu einer erfolgreichen Kundenansprache gehört auch, regelmäßig die eigenen Adressbestände zu prüfen, zu pflegen und zu ergänzen. Das kann ein Dienstleister übernehmen, der den Datenbestand komplett unter die Lupe nimmt und alle Merkmale, die nicht mehr korrekt sind oder sich geändert haben, aktualisiert oder markiert. Zu dem Check gehört auch ein Dublettenabgleich.

SOCIAL WEB

🛒 Den Kunden miteinbeziehen

Man mag sich über das Phänomen „Soziale Netzwerke" wundern. Aber an ihnen vorbei kommt ein Onlinehändler heute nicht mehr: Wer Social Media noch immer als „Hype" betrachtet unterschätzt, dass Menschen auch in Zukunft die Online-Plattformen rege nutzen werden, um ihre sozialen Kontakte zu pflegen. Drei von vier Internetnutzern gehören Ende 2011 mindestens einer Netzgemeinschaft („Community") an, hat der Branchenverband Bitkom ermittelt. Jeder zweite Deutsche, der online aktiv ist, ist Mitglied bei Facebook.

Online-Netzwerke werden dabei nicht nur von jungen Konsumenten genutzt, sondern quer durch alle Altersgruppen: So sind sieben von zehn der 14- bis 29-Jährigen Internetnutzer Mitglied bei Facebook. In der mittleren Altersgruppen der 30- bis 49-Jährigen ist es jeder zweite und in der Generation 50-Plus immerhin noch jeder Dritte.

In den Sozialen Netzwerken dreht sich alles um die interaktive Kommunikation zwischen Menschen: Die Nutzer vernetzen sich und tauschen Informationen, Ideen sowie Erfahrungen aus. Wenn Händler in den direkten Dialog mit ihrer Zielgruppe einsteigen und die Sozialen Medien für ihre Zwecke nutzen, nennt man das Social Media Marketing.

🛒 Positives Image

Der Einstieg in die Netzwerke kann für den Händler viele Vorteile haben: Neben der Kundenbindung und Kontaktpflege erreicht er den Kunden dort, wo er sich aufhält, kann seine Bekanntheit steigern und sein Image verbessern, sein Ranking in den Suchmaschinen erhöhen, neue Kunden durch Empfehlungen gewinnen und mehr Besucher in seinen Webshop locken.

Während beispielsweise bei Facebook spezielle „F-Shops" von deutschen Händlern bislang eher selten anzutreffen und noch seltener gewinnbringend sind, bringen Nutzer dem „normalen" Webshop von Händlern in aller Regel mehr Vertrauen entgegen. Aber immer mehr Handelsunternehmen nutzen die Möglichkeit, mit einer eigenen Seite in Netzwerken präsent zu sein. Die Gründe dafür sind vielseitig: Mit einer eigenen Seite etwa bei Facebook kann ein Unternehmen ein positives Image aufbauen und pflegen, seine Bekanntheit steigern, Besucher in seinen Webshop locken, so genanntes Empfehlungsmarketing betreiben, die Kundenbindung erhöhen, Produkte, Dienstleistungen oder Angebote weiterentwickeln sowie potenzielle Mitarbeiter finden.

Seit Ende 2011 können Händler auch bei dem Suchmaschinenbetreiber Google in dessen Sozialem Netzwerk Google Plus Unternehmensseiten einrichten. Damit verbindet Google nun Suche und Soziales: Zum einen ist eine ansprechende Händlerseite mit gut gepflegtem Profil ein weiterer Marketing-Baustein. Zum anderen belohnt der Suchmaschinenbetreiber die Optimierung des Händler-Auftritts im Google-Netzwerk mit besserer „Sichtbarkeit" – sowohl bei Google Plus selbst als auch in der „normalen" Suchmaschine.

Händler können aber auch im eigenen Onlineshop mit ihren Kunden in den Dialog treten, etwa in Foren und Weblogs (Blogs) und ihre Shops mit Sozialen Netzwerken verbinden. Die Besucher können auf interessante Kampagnen verweisen, lustige Videos schauen oder Produkte bewerten und sie Freunden weiterempfehlen. Zudem können Händler auch beispielsweise bei Facebook „normale" Anzeigen buchen, um in unterschiedlichen Zielgruppen für ihr Angebot zu werben. Die Angaben, die die Nutzer Sozialer Netzwerke zu ihrer eigenen Person machen, gelten als vergleichsweise korrekt: Immerhin wollen sie beispielsweise von alten Schulfreunden gefunden werden und Gleichgesinnte finden.

Riesiger Erfahrungsschatz

Nun sind natürlich nicht alle wirklich „Freunde", die so genannt werden. Aber darum geht es dem potenziellen Kunden auch nicht unbedingt. Vielmehr machen sich viele Kunden die Erfahrung anderer Konsumenten zu Nutze und fragen beispielsweise vor einem geplanten Kauf andere Mitglieder eines Netzwerks, wie sich ein Produkt im Alltag bewährt und ob sie es noch einmal kaufen würden.

Durch Funktionen wie „Teilen" oder „Gefällt mir" können Nutzer Sozialer Netzwerke auch direkte Empfehlungen geben. Gut jeder dritte Nutzer hat einer Umfrage des Beratungsunternehmens KPMG zufolge schon einmal selbst ein Produkt über soziale Netzwerke empfohlen oder dort Empfehlungen von Freunden erhalten. Die meisten Ratschläge von Freunden gab es dabei zu Produkten wie Kleidung und Schuhen, gefolgt von Artikeln aus Unterhaltungselektronik und Medien.

Fast 90 Prozent der Befragten haben sich die Produkte oder Dienstleistungen aufgrund der Empfehlungen von Freunden angesehen und 65 Prozent davon haben dieses Produkt oder diese Dienstleistung sogar erworben. Zwar hatten Zweidrittel der Befragten schon vor der Empfehlung durch Freunde geplant, das Produkt zu kaufen oder die Dienstleistung in Anspruch zu nehmen. Doch im Umkehrschluss bedeutet dies, dass jeder dritte Kauf eigentlich nicht geplant war – und ohne die Empfehlung der Freunde nicht stattgefunden hätte.

Von Seiten der Software ist das Engagement in den Internetgemeinschaften nicht allzu kompliziert, eine gute Shoplösung sollte das mitmachen. Bei einer eigenen „Community" sollte der Onlinehändler jedoch die Betriebskosten, die für Server und Software anfallen, im Blick haben.

Aufwändige Pflege

Aufwändig ist bei einem „sozialen" Auftritt allerdings die Moderation und redaktionelle Pflege der Netzwerk-Kommunikation – der Händler muss den Kunden schließlich immer wieder aufs Neue begeistern. Wer sich in Sozialen Netzwerken tummelt, ist anspruchsvoll. Dementsprechend muss der Händler entweder selbst „Web 2.0" leben oder talentierte Mitarbeiter finden, die er mit der Freiheit ausstattet, „offen und ehrlich" zu kommunizieren.

Die Kunden erwarten von einem Händler mindestens den Standard, den sie durch die verschiedenen etablierten Netzwerke gewöhnt sind. Ein Grundproblem bei einer eigenen Shop-Community wie auch einer Seite etwa bei Facebook liegt darin, dass der Händler nicht als neutraler Anbieter wahrgenommen wird. Unternehmer sollten sich als Gäste in den Netzwerken verstehen und die Spielregeln im Netz beachten. Das bedeutet, dass der Verkauf beim Aufbau einer Community nicht im Vordergrund stehen darf.

Das hört sich zunächst paradox an – schließlich ist es das gute Recht des Onlinehändlers, seine Produkte verkaufen zu wollen. Aber das funktioniert nur, wenn das Drumherum stimmt und der Kunde von den Angeboten etwas hat, sie als echten „Mehrwert" empfindet. Dazu muss der Händler es schaffen, dass der Kunde in spe sich wohlfühlt und ihn emotional so packt, dass er immer wieder gerne auf die Plattform kommt.

Doch die Mühe lohnt sich, wenn der Händler ein bisschen weiter denkt: Neben den positiven Aspekten für Marketing und Kundenpflege kann beispielsweise seine Reaktionszeit deutlich schneller werden, wenn technische Probleme schon in dem Netzwerk diskutiert werden, obwohl dem Händler noch gar keine Fehlermeldung aus der IT vorliegt. Zudem kann der Händler langwierige Passform-Erklärungen, Zubehör-Empfehlungen oder handwerkliche Tipps in die Internet-Gemeinschaft auslagern. Und er ist mittendrin statt nur dabei, wenn er die Meinungen und Wünsche seiner Kunden einholt, um beispielsweise einzelne Produkte oder das ganze Sortiment zu gestalten.

Grundsätzlich sollte sich der Webshopbetreiber gut überlegen, ob er den Aufwand in Kauf nimmt und „sozial" werden will. Wenn er das tut, muss er seine Kunden bei der Stange halten, ernst nehmen und mit einbinden. Ein kleiner Trost: Er muss nicht auf allen Hochzeiten tanzen, sondern sollte gut vorbereiten, wie und wo er den Dialog mit den Kunden gestaltet. Denn die meisten Plattformen kann er vernachlässigen, weil seine Kunden dort gar nicht aktiv sind.

Best Practice: Manomama

Es gibt, vorsichtig ausgedrückt, vielversprechendere Ideen, ein Unternehmen zu gründen als die von Sina Trinkwalder. Die Onlineexpertin, die 1999 mit gerade mal 21 Jahren eine Agentur für Marken und Medien gründete, investierte mitten in der Wirtschaftskrise ihre gesamte Altersvorsorge, um ökosoziale Kleidung am totgesagten Textilstandort

Augsburg zu produzieren. Der Bestandteil „Öko" von ökosozial bedeutet, dass die Kleidung komplett ökologisch ist, also vom Faden über die Knöpfe bis hin zu den Stoffen, die Materialien aus einem Umkreis von 250 Kilometern um Augsburg stammen und das verwendete Leder pflanzlich gegerbt wird. „Sozial" bedeutet wiederum, dass die Unternehmerin bei der Personalsuche die üblichen Kriterien auf den Kopf stellte: Wer älter als 40 Jahre und alleinerziehend ist und einen Migrationshintergrund hat, hatte gute Chancen.

www.manomama.de

Außerdem belebt Manomama alte Handwerkstraditionen wie Weben und Spinnen wieder neu. Im April 2010 war der erste Tag, an dem Manomama die Nähmaschinen anwarf. Weil nach der Investition in die Produktion und den Webshop kein Geld mehr für Werbung übrig geblieben war, setzt die Jungunternehmerin auf Soziale Netzwerke wie Twitter und Facebook, um ihre Idee der ökosozialen Kleidung zu verbreiten. Dort wie auch in ihrem Blog ist Transparenz das oberste Gebot, was beispielsweise die Herkunft der Ware oder die Preiszusammensetzung inklusive der übertariflichen Löhne angeht. Noch vor dem ersten Produktionstag gingen auf diese Weise mehrere tausend Vorbestellungen aus ganz Deutschland ein. Der Name der Näherin steht auf jedem Etikett, damit der glückliche Manomama-Kunde ihr auf der Homepage ein kleines Dankeschön hinterlassen kann.

Sina Trinkwalder twittert alles, was sie beschäftigt und erlebt – und zwar seit dem Notartermin zur Firmengründung über den Einzug in die dank des Erfolgs notwendig gewordene neue, größere Halle im Februar 2012 bis hin zu Gedanken über die gesellschaftliche Verantwortung. Nach anderthalb Jahren hatte sie mehr als 51.000 „Tweets", also Kurznachrichten bei Twitter, abgesetzt und rund 6.500 Anhänger, die sie lesen. Bei Facebook folgen Manomama Anfang 2012 rund 3.600 Menschen. Und das Netzwerk funktioniert: Als nach einem Unwetter ein Dachschaden mitten in der Juli-Hitze den Winterstoff unter Wasser setzte, schaffte Trinkwalder es, die Community zu mobilisieren. Binnen 24 Stunden fanden sich 200 Kunden, die sich den feuchten Sweatstoff zu Jacken vernähen und sofort zuschicken ließen. Die Retourenquote liegt dank der vernetzten Kunden bei null Prozent: Zum Beispiel gab es mal eine Jacke, deren Ärmel der Bestellerin doch etwas zu kurz waren. Doch sie fand über den Blog eine Kundin, der die Jacke passte. Und so hatten die Manomamas mit der Abwicklung nichts zu tun, weil die beiden Kundinnen das selbst geregelt haben.

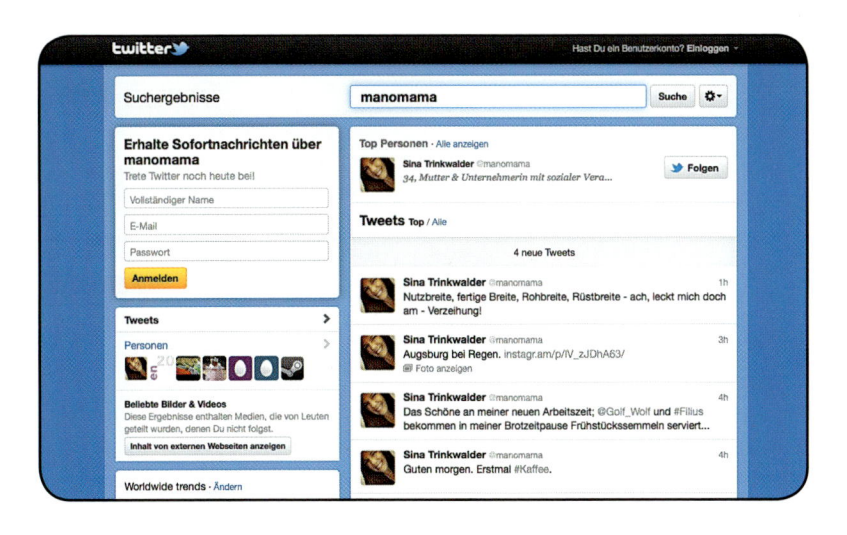

DAS ETWAS ANDERE MODEL

Ende 2010 hat der Versender Otto gemerkt, dass die Internetgemeinde ein ganz eigenes Völkchen ist. Der Händler hatte auf seiner Facebook-Seite einen Modelwettbewerb veranstaltet, der auch gut angenommen wurde: Rund 50.000 Menschen schickten Fotos von sich, wer die meisten Stimmen bekam, sollte Sieger werden. Doch den Internetnutzer langweilt offenbar mittlerweile das Vorhersehbare. Denn gewonnen hat nicht etwa eine schöne junge Frau, sondern „Brigitte" alias Sascha, ein 22-jähriger Student aus Koblenz, der mit Frauenkleidern und Perücke auf einer Couch posierte. Von fast 1,2 Millionen Stimmen gingen rund 23.000 an ihn/sie. Der eigentliche Gewinner aber war Otto: Dank des Wettbewerbs war der Händler Thema im Netz und konnte seinen Freundeskreis auf Facebook mächtig erweitern. Ende 2011 bekannten sich fast 300.000 Nutzer dazu, „Fan" des Hamburger Unternehmens zu sein.

„Es gibt keine Geheimnisse mehr. Die vernetzten Märkte wissen über die Produkte mehr, als die Unternehmen selbst. Ob die Nachricht gut oder schlecht ist, sie wird weitergegeben."

CluetrainManifest 1999 (www.cluetrain.com/auf-deutsch.html)

TIPPS: SOZIALE NETZWERKE

- Legen Sie eine Social Media-Strategie fest und planen Sie entsprechende Ressourcen.
- Konzentrieren Sie sich auf die Netzwerke, in denen Ihre Kunden präsent sind.
- Suchen Sie den Dialog mit Ihren Kunden und unterhalten Sie ihn – beispielsweise mit Mitmach-Wettbewerben, Umfragen, Abstimmungen und Gewinnspielen.
- Kommunizieren Sie authentisch und offen über das Unternehmen.
- Binden Sie die Kunden in Entscheidungen wie die Sortimentsgestaltung und Produktentwicklung ein.
- Informieren Sie die Kunden über Neuheiten im Unternehmen.
- Verkneifen Sie sich platte Produktwerbung.
- Bieten Sie Ihren Kunden Mehrwert.
- Keine Angst vor negativen Einträgen: Treten Sie in den Dialog und lernen Sie aus den Anregungen!
- Messen Sie den Erfolg.

FINANZIERUNG

Ohne Moos auch online nichts los

Die alten Kaufmannsweisheiten gelten auch im neuen Internet: Im Hinblick auf die betriebswirtschaftlichen Kenntnisse unterscheidet sich die Onlinewelt kein bisschen von der „echten" Geschäftswelt. Doch für Jungunternehmer ist es gerade am Anfang nicht so einfach abzuschätzen, für welchen Bereich sie wie viel ausgeben werden.

Hier gilt die Grundregel, einen finanziellen Puffer einzuplanen – denn viele Unternehmer unterschätzen eher die Ausgaben, die auf sie zukommen. Zum Beispiel werden die Kosten für das Marketing oft niedriger eingeschätzt als sie tatsächlich sind. Aber im unüberschaubaren Internet muss ein neuer Shop erst einmal bekannt werden. Händler, die glauben, am Marketing sparen zu können, begehen einen folgenschweren Fehler.

Deshalb muss der künftige Onlinehändler mit der sorgfältigen Analyse aller Rahmenbedingungen beginnen und einen Businessplan erstellen. Der Einstieg in den Onlinehandel ist nur auf den ersten Blick günstiger als der Einstieg in den stationären Handel. Zwar fallen Kosten wie Ladenmiete, Strom und so weiter weg. Aber die Tücken liegen im Detail und beginnen mit den Kosten für den Onlineshop selbst: Der Kauf oder die Miete der Software sind auf lange Sicht ein vergleichsweise kleiner Posten. Viel wichtiger ist es, die langfristigen Kosten wie Wartung und andere Dienstleistungen wie etwa Individualisierungen im laufenden Betrieb zu kalkulieren.

Auch die regelmäßige inhaltliche Pflege des Shops ist für den Erfolg unabdingbar. Selbst wenn der Händler in der Lage ist, seinen Shop allein zu installieren, zu betreiben und für die Kunden stets attraktiv zu gestalten, muss er die aufgewendete Zeit als Kostenfaktor mit einem fiktiven Stundenlohn berechnen. Denn in dieser Zeit bindet er seine eigene Arbeitskraft für den Webshop und kann keine anderen Aufgaben erledigen.

Unabhängig von der gewählten Software sollte der Onlinehändler bei der Gründung die verschiedensten Kosten einkalkulieren. Zum Beispiel Anwaltshonorare für die Rechtsberatung und Vertragsgestaltung, Honorare für die Texterstellung der statischen Seiten, Gebühren für Nutzungsrechte von Produkttexten und -bildern, Honorare für die Gestaltung von Logo, Visitenkarten und Briefpapier wie auch Rechnungen und Lieferscheine. Hinzu kommen unter anderem Anschaffungskosten für Computer, die sonstige technische Infrastruktur im Büro sowie dessen generelle Einrichtung.

Übersicht behalten

Geldgeber wie Banken oder Förderprojekte der öffentlichen Hand wollen genau wissen, wie das Projekt aussieht, für das sie einen Kredit gewähren, und verlangen einen Businessplan. Einen solchen Plan sollte ein Onlinehändler aber auch dann erstellen, wenn er sich gar kein Geld von anderen beschaffen will oder muss. Denn damit erhält er einen guten Überblick über sein Geschäftsvorhaben, kann Schwachstellen leichter aufdecken und noch rechtzeitig korrigieren. Dank eines Zeitplans mit Zielvorgaben kann der Jungunternehmer darüber hinaus schnell erkennen, ob sein Vorhaben wie geplant voranschreitet.

Neben den einmaligen Kosten sollte der Händler bei der Planung besonderes Augenmerk auf die laufenden Kosten legen. Diese können erheblich sein und fallen etwa für Steuerberatung und Buchhaltung, Versicherungen, das Warenwirtschafts-System sowie Mitarbeiter und Aushilfen an. Die Industrie- und Handelskammer (IHK) erhebt einen Pflichtbeitrag, und sobald der Händler Mitarbeiter hat, muss er entsprechenden Berufsgenossenschaften beitreten. Außerdem sollte der Händler einen monatlichen Pauschalbetrag zurücklegen, um beispielsweise bei eventuellen Abmahnungen ein Pölsterchen zu haben.

Bei der Kostenübersicht im Businessplan ist darüber hinaus auch wichtig, wie der Onlineshop bekannt gemacht und am Markt platziert werden soll. Grund- sowie Transaktionsgebühren gebührenpflichtiger Online-Bezahlsysteme muss ein Onlinehändler genau so einrechnen wie Kosten für das eigene Bankkonto und Bonitätsprüfungen. Hinzu kommen Gebühren für digitale Sicherheitszertifikate und Gütesiegel.

Darüber hinaus muss der Händler Zahlungsausfälle bei Rechnungskauf und Rücklastschriften genau so einkalkulieren wie Retourenkosten, etwa Porto und Strafporto. Bei Retouren kommen auch noch Warenbestandsabschreibungen hinzu, wenn der Händler die Ware nicht mehr oder nur zu reduzierten Preisen verkaufen kann, etwa weil sie Spuren der Benutzung aufweist.

Die Logistik stellt überdies einen beträchtlichen Posten dar: Neben dem Versand- und Verpackungsmaterial und dem Porto sollte der Händler auch nicht vergessen, dass der Transport zum Logistikdienstleister wie auch Entsorgungskosten auf ihn zukommen können. Auch bei der Warenbeschaffung sind Posten wie Zölle und Einfuhrsteuern sowie Kosten, die rund um die Warenanlieferung entstehen – für die Spedition, die Eingangsprüfung und die Einlagerung – zu beachten.

Angenehme Sorgen: Wachstum

Wenn das Onlinegeschäft hoffentlich schnell brummt, müssen auch Mitarbeiter als Minijobber, Festangestellte oder Freiberufler eingestellt werden, etwa für die Versandvorbereitung und das Lager sowie beispielsweise für die Kundenhotline. Zu den laufenden Kosten eines Onlineshops gehören außerdem die Aufwendungen für den Kauf oder die Miete von Büro und Lagerräumen und deren Nebenkosten sowie möglicherweise Kfz-Kosten. Neben eventuellen Finanzierungsaufwendungen wie Zinsen und Tilgung sollte der Händler auch Verbrauchsmaterialien, Bürobedarf und eventuelle Wartungskosten für die Bürogeräte einplanen, genau so wie Telefon- und Internetzugänge.

Und Umsatz ist bekanntlich noch lange kein Gewinn: Um langfristig Erfolg zu haben, muss der Shopbetreiber regelmäßig die vorhandenen Kennzahlen analysieren. Dazu gehören Absatzkennzahlen zu Lagerumschlag, Bestellhäufigkeit und „Bestsellern", Finanzkennzahlen zur Rentabilität, Kapitalbindung und Wirtschaftlichkeit des Unternehmens sowie Marketingkennzahlen, die den Erfolg der einzelnen Werbemaßnahmen messen. Nur so kann der Onlinehändler wissen, welche Angebote die Kunden gut annehmen, welche Marketingmaßnahme den Verkauf besonders gut angekurbelt hat, was manche Kunden am Kauf gehindert hat und so weiter.

Wichtig ist auch das Wissen, welche Produkte den besten Deckungsbeitrag liefern und wie sie sich verkaufen. Denn die so genannte Konversionsrate, die das Verhältnis der eingehenden Bestellungen zur Besucherzahl im Webshop misst, ist beispielsweise ohne andere Kennziffern wie den Deckungsbeitrag nicht sehr aussagefähig: Wenn der Händler überwiegend Sonderangebote und Artikel mit geringem Deckungsbeitrag verkauft, ist zwar die Bestellmenge hoch, aber der Shopbetreiber verdient trotzdem kein Geld.

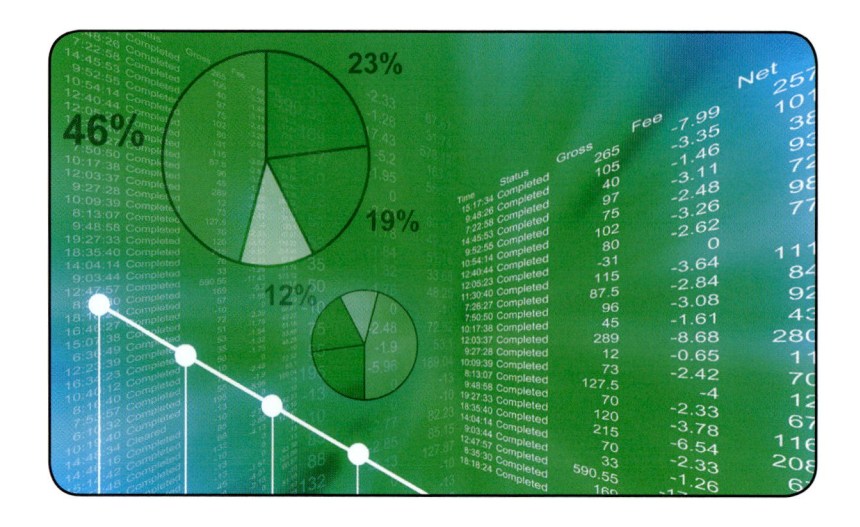

CHECKLISTE BUSINESSPLAN

1. GESCHÄFTSIDEE
* Was ist Ihre Geschäftsidee (Produkt oder Dienstleistung)?
* Welchen Nutzen hat Ihr Angebot?
* Wie bekannt ist Ihr Produkt/Ihre Dienstleistung?
* Welchen Service bieten Sie?
* Was bieten Sie im Unterschied zu anderen Wettbewerbern?
* Warum soll jemand Ihr Produkt/Ihre Dienstleistung kaufen?

2. PERSÖNLICHE VORAUSSETZUNGEN
* Welche schulische bzw. berufliche Ausbildung haben Sie?
* Welche Fähigkeiten haben Sie (nicht), um ein Unternehmen zu führen?
* Besitzen Sie ausreichende kaufmännische Kenntnisse?
* Ist Ihre berufliche Qualifikation für eine Selbstständigkeit ausreichend?
* Welche Erfahrungen haben Sie in der Branche Ihres Unternehmens?
* Welche finanziellen Verpflichtungen haben Sie?
* Wie ist es um Ihre Gesundheit bestellt?
* Wer hilft Ihnen bei Krankheit oder bei einem Unfall?
* Unterstützt Ihr Partner Ihr Geschäftsvorhaben?

3. MARKTEINSCHÄTZUNG
* Welche Kunden sprechen Sie an?
* Kennen Sie die Wünsche Ihrer Kunden?
* Wie groß ist das Marktvolumen dieser Zielgruppe?
* Wie (mit welchen Maßnahmen) erreichen Sie diese Zielgruppe?
* Welche Kosten veranschlagen Sie für Ihre Marketingaktivitäten?
* Sind Sie von wenigen Großkunden abhängig?
* Haben Sie schon Kundenkontakte?
* Kennen Sie für Ihren Markt Betriebsvergleichszahlen der Kammern oder Verbände?

4. WETTBEWERBSSITUATION

* Treten Sie als einziger Anbieter in einem neuen oder als zusätzlicher in einem bereits bestehenden Markt auf?
* Wer sind Ihre Konkurrenten?
* Welchen Service bieten Sie zu welchen Preisen?
* Wo ist Ihre Konkurrenz besser/schlechter als Sie?
* Wie können Sie Ihren Kunden mehr Nutzen bieten?

5. PRODUKTIONS-/DIENSTLEISTUNGSFAKTOREN

* Wie wollen Sie Ihre Betriebsprozesse strukturieren (vom Einkauf über die Herstellung bis zum Vertrieb)?
* Welche Materialien, Maschinen, Einrichtungen brauchen Sie zur Herstellung Ihres Produktes bzw. zur Bereitstellung Ihrer Dienstleistung?
* Was benötigen Sie zum Vertrieb Ihres Produktes/Ihrer Dienstleistung?
* Wie stellen Sie Ihre Bevorratung sicher?
* Welche Mitarbeiter mit welchen Qualifikationen benötigen Sie für welche Zeiträume?
* Welche Teilleistungen können Sie bei Lieferanten einkaufen?

6. STANDORTWAHL

* Welche Bedingungen muss der Standort erfüllen?
* Kennen Sie geeignete Standorte?
* Wie ist die Verkehrsanbindung des Standortes?

7. ZUKUNFTSAUSSICHTEN

* Welche Ziele haben Sie sich für Ihre Firma gesetzt?
* Mit welchen Maßnahmen wollen Sie diese Ziele erreichen?
* Wie könnte die Entwicklung Ihrer Branche aussehen?
* Wie wird sich die Nachfrage nach Ihrem Angebot entwickeln?
* Rechnen Sie mit mehr Konkurrenten in Ihrem Markt?
* Wie reagieren Sie auf negative Markt-/Nachfrageveränderungen?
* Gibt es vergleichbare Branchen, die Orientierungshilfe bieten?

8. WEITERE WICHTIGE ASPEKTE

RECHTSFORM:

* Welche Rechtsform soll Ihr Unternehmen haben?
* Welche Gesellschafterstruktur planen Sie?
* Bei mehreren Gesellschaftern: Wer übernimmt welche Funktionen im Unternehmen?

GENEHMIGUNGEN:

* Welche Genehmigungen brauchen Sie für Ihren Betrieb?
* Benötigen Sie für Ihre Tätigkeit eine spezielle Zulassung?

FLÄCHEN/RÄUME:

* Wie viel Gewerbefläche (Räume) benötigen Sie?
* Kennen Sie die marktüblichen Preise dafür?
* Haben Sie sich nach mietgünstigen Flächen (z. B. in kommunalen Gewerbeparks) erkundigt?

VERSICHERUNGEN:

* Welche Versicherungen benötigen Sie für Ihren Betrieb?
* Welche Versicherungen sollten Sie für Ihre Familie abschließen?
* Wie sichern Sie als Selbstständiger Ihre Altersversorgung?

Quelle: KfW Bankengruppe

Finanzierung

Ob bei der Gründung oder für weiteres Wachstum: Im Prinzip kann sich ein Onlinehändler in allen Unternehmensphasen neben den „klassischen" Finanzierungsinstrumenten wie Krediten auch um eine finanzielle Förderung bemühen. Bund, Länder und die Europäische Union unterstützen Existenzgründungen sowie Investitionsvorhaben von kleinen und mittleren Unternehmen mit Zuschüssen, Darlehen, Nachrangdarlehen, Bürgschaften und Beteiligungen.

Die Vorteile einer Förderung: Gründer und Unternehmer erhalten finanzielle Hilfe und können ihr Vorhaben langfristig und günstig finanzieren.

Finanzierung

Bürgschaften ergänzen bankübliche Sicherheiten und ermöglichen so die Aufnahme von Darlehen. Außerdem wird Kapital aus Nachrangdarlehen in der Bilanz wie Eigenkapital gewertet – das vergrößert die Kreditwürdigkeit und erweitert so den unternehmerischen Spielraum.

Für den Onlinehändler ist aber nicht nur der finanzielle Aspekt vorteilhaft. Vielmehr muss er, um Fördermittel zu erhalten, dem Finanzier eine solide Projektbeschreibung liefern. Durch die Vorbereitung und Beratung, die mit der Vergabe von Fördermitteln einhergeht, kann er die Erfolgsaussichten eines Vorhabens frühzeitig auf Herz und Nieren prüfen und entdeckt eventuell sogar noch die ein oder andere Schwachstelle.

Auch die Statistik zeigt, dass geförderte Unternehmen erfolgreicher sind: Sie machen Untersuchungen zufolge doppelt so viel Umsatz, haben doppelt so viel Mitarbeiter und machen dreimal so viel Gewinn im Vergleich zu nicht geförderten Unternehmen. Von 30 gegründeten Unternehmen existieren nach fünf Jahren noch 29, die gefördert wurden – aber nur 21, die eine gesicherte Bankfinanzierung und 18, die gar keine Finanzierung hatten, so das Ergebnis einer Studie der Ludwig-Maximilians-Universität. Die Deutsche Bundesbank hat herausgefunden, dass knapp sieben von zehn Unternehmen, die Insolvenz anmelden müssen, an der falschen Finanzierung scheitern.

Finanzierung & Förderung

ZUSCHUSS

Ein Zuschuss ist eine nicht rückzahlbare Zuwendung ohne direkte Gegenleistung. Neben dem Gründungszuschuss bei der Eröffnung des ersten Unternehmens, auch für Existenzgründungen aus der Arbeitslosigkeit, gibt es Lohnkostenzuschüsse, wenn der Händler Arbeits- und Ausbildungsplätze schafft oder sichert. Kommunen und Länder gewähren zudem Regionalzuschüsse, wenn ein Unternehmer an besonders geförderten Standorten investiert. Darüber hinaus werden auch Coaching-Maßnahmen bezuschusst.

DARLEHEN

Darlehen sind das klassische Förderinstrument für Investitionsvorhaben. Vorteile von Förderdarlehen sind gegenüber dem Niveau der Marktzinsen günstigere und über lange Zeiträume feste Zinssätze, lange Laufzeiten und tilgungsfreie Anlaufjahre. Gegebenenfalls werden auch Betriebsmittel mitfinanziert. Förderdarlehen werden über die Hausbank des Antragstellers beantragt und ausgezahlt. Die von den Förderbanken angebotenen Haftungsfreistellungen sollen das Risiko der Hausbank reduzieren und damit deren Bereitschaft erhöhen, die Förderdarlehen „durchzuleiten", also abzuwickeln.

NACHRANGDARLEHEN

Nachrangdarlehen sind zunächst einmal ein normales Darlehen, haben aber die Besonderheit, dass sie eine Mischform aus Eigenkapital und Fremdkapital sind. Die Förderbank als Darlehensgeber tritt im Rang hinter die Forderungen der übrigen Fremdkapitalgeber zurück. Nachrangdarlehen besitzen damit eine eigenkapitalähnliche Funktion, es müssen in der Regel keine Sicherheiten gestellt werden. Damit verbessert sich die Bonität des Unternehmers, der die Förderung erhält, und erleichtert ihm den Zugang zu weiteren Finanzierungsmitteln. Der Unternehmer haftet als „Natürliche Person" persönlich für die Rückzahlung.

BETEILIGUNGSKAPITAL

Wenn ein neues Unternehmen erst in ein paar Jahren schwarze Zahlen schreiben kann, Geld für die Expansion braucht, schnell bekannt werden will oder die allgemeine wirtschaftliche Lage gerade nicht so gut ist, ist Banken eine Finanzierung in der Regel zu riskant. Denn der Kapitalaufwand ist dann zu hoch und die Sicherheiten sind zu gering.

Für solche Unternehmen können öffentliche und private Beteiligungsgesellschaften eine Alternative zur „klassischen" Bankenfinanzierung sein. Sie bieten Kapital ohne die banküblichen Sicherheiten an. Beteiligungskapital ist dabei nichts anderes als Eigenkapital, das dem Unternehmen in Form von Einlagen als Stamm- oder Grundkapital, aber auch als stille Beteiligung am Unternehmen zur Verfügung gestellt wird.

Es gibt inzwischen in Deutschland eine Reihe Finanziers, die in neue oder schnell wachsende Onlineshops investieren. So hat die Hamburger Otto Group beispielsweise genau so eine Start-up-Finanzierungstochter wie die Tengelmann Gruppe. Auch der Xing-Gründer, Lars Hinrichs, unterstützt Gründer mit seiner Investmentgesellschaft HackFwd. Darüber hinaus können sich junge Online-Unternehmer in dem Netzwerk „Entrepreneurs' Organization" austauschen.

BÜRGSCHAFTEN

Kreditinstitute verlangen banktübliche Sicherheiten für ihre Kredite. Wenn der Kreditnehmer nicht über ausreichende Sicherheiten verfügt, kann er sich um öffentliche Bürgschaften der Bürgschaftsbanken oder bei größeren Vorhaben Landes- oder Bundesbürgschaften bemühen.

KREDITE VON DER HAUSBANK

Banken und Sparkassen bieten „klassische" Kredite zur Finanzierung. Je nach Finanzierungslaufzeit unterscheidet man kurzfristige Betriebsmittelkredite sowie mittel- und langfristige Investitionskrediten.

WEITERE INFORMATIONEN

Fördermittel des Bundes, der Länder und der Europäischen Union:

www.foerderdatenbank.de

Das Bundesministerium für Wirtschaft und Information bietet Informationen rund um die Gründung.

www.existenzgruender.de

Die Förderprogramme der KfW-Bankengruppe finden Unternehmer unter

www.kfw.de

Die Industrie- und Handelskammern, Handwerkskammern, Gründungsinitiativen und die KfW-Bankengruppe haben das Projekt „Gründungswerkstatt" initiiert. Existenzgründer und Jungunternehmen finden Hilfe bei der Planung und Umsetzung ihrer Geschäftsidee unter

www.gruendungswerkstatt-deutschland.de

Die Beraterbörse der KfW Bankengruppe wurde in Zusammenarbeit mit dem Bundesministerium für Wirtschaft und Technologie entwickelt, um Existenzgründer und Unternehmen bei der Suche nach passenden Unternehmensberatern zu unterstützen. Das Gründercoaching wird auch von der Bank bezuschusst.

www.kfw-beraterboerse.de

Der Bundesverband Deutscher Kapitalbeteiligungsgesellschaften in Berlin (BVK) hat aufgelistet, welche der mehr als 200 privaten und öffentlichen Kapitalbeteiligungsgesellschaften für welches Projekt geeignet ist.

www.bvkap.de

Eigenen Angaben zufolge unabhängiges Informations- und Nachrichtenportal für Gründer und Unternehmer.

www.foerderland.de

ZAHLUNG

Zur Kasse, bitte

Die Konsumenten im Netz sind anspruchsvoll geworden: Vorbei sind die Zeiten, als Internetkäufer einfach Geld an ihnen völlig unbekannte Händler überwiesen und gehofft haben, dass diese ihnen das Produkt schon schicken werden. Heute will der Internetkunde sicher sein, dass der Händler seriös ist und nicht mehr unbedingt in Vorkasse treten. Wenn die von ihm bevorzugte Zahlungsart fehlt, verlässt er den Shop wieder und sucht sich lieber einen anderen Händler, der die ihm individuell liebste Zahlungsart anbietet.

Der Onlinehändler wiederum kennt seine Kunden nicht persönlich und kann dementsprechend schlecht abschätzen, ob er sein Geld bekommt. Also muss er die Balance zwischen der Kundenfreundlichkeit auf der einen und dem Geldeingang auf der anderen Seite finden. Grundsätzlich gilt: Das Angebot von mehreren Zahlungsmitteln bedeutet für den Händler mehr Umsatz – aber nur dann auch mehr Gewinn, wenn er das Risiko des Zahlungsausfalls minimiert.

Das bedeutet, dass der Händler seine internen Informationen über den Kunden mit externen Informationen wie Adress- und Bonitätsprüfungen, Sperrdateien und Kreditkarteninformationen kombinieren sollte, um Zahlungsausfälle zu vermeiden. Wichtig ist grundsätzlich, dass der Händler über vollständige und sichere Daten verfügt, um den Kunden eindeutig identifizieren zu können. Schon kleinere Variationen in der Schreibweise können dazu führen, dass ein bereits als zahlungsunfähig oder -unwillig aufgefallener Kunde nicht erkannt und trotzdem beliefert wird.

So groß das Interesse der Händler auch ist, möglichst viele Informationen über den „Distanzkunden" zu sammeln, muss er doch rechtlich mit seinem Shop auf der sicheren Seite sein: Der Gesetzgeber hat den Onlinehandel mit Verbrauchern durch zahlreiche Bestimmungen reguliert. Außerdem muss der Händler dem Sicherheitsbewusstsein seiner Kunden Rechnung tragen: Viele Onlinekunden sind misstrauisch, wenn es um ihre persönlichen Daten geht, die auf dem elektronischen Weg verschickt werden.

Zahlungssysteme

Im stationären Handel ist das Bezahlen noch recht übersichtlich: Die meisten Kunden zahlen bar oder mit Karte. Doch online gibt es inzwischen verschiedenste Zahlsysteme, beispielsweise den Kauf auf Rechnung, Vorkasse, Nachnahme, Lastschrift, Überweisung und Kreditkarte sowie spezielle Online-Zahlsysteme, so genannte E-Payment-Verfahren wie etwa PayPal. Die vielfältigen Online-Zahlmöglichkeiten spiegeln sich in dem Angebot der Händler wider: Einer Studie des E-Commerce Center Handel zufolge bietet ein Onlinehändler Ende 2011 durchschnittlich 5,5 verschiedene Online-Zahlungsverfahren an. Grundsätzlich gilt: Der Onlinehändler sollte bei der Wahl der Systeme, die er einbindet, immer darauf achten, wie hoch die Gebühren sind und zu welchem Zeitpunkt ihm das Geld gutgeschrieben wird.

VORKASSE

In den Anfangszeiten des Internet hatte der Kunde ohne größeres Nachdenken auf Vorkasse gekauft, also gezahlt, bevor geliefert wurde. Für den Händler ist dies die ideale Zahlungsart, ist er doch vor Zahlungsausfällen sicher, weil der Kunde das Risiko trägt, dass die Ware eventuell nicht, unvollständig oder fehlerhaft geliefert wird.

Inzwischen sind die Kunden anspruchsvoller: Onlinehändler bieten verschiedene Zahlungsmöglichkeiten an, und die Vorkasse ist im Vergleich zu den anderen für den Kunden ziemlich umständlich. Er muss in seinem Homebanking-Programm, Onlinebanking-Portal oder einem Überweisungsträger aus Papier die angegebenen Kontodaten des Händlers, den Verwendungszweck und den zu zahlenden Betrag eingeben. Ein weiterer Nachteil: Bei der Übertragung der Daten können sich Fehler einschleichen. Außerdem verzögert die Vorkasse den Bestellvorgang, denn der Händler bearbeitet den Auftrag erst dann weiter, wenn der Betrag seinem Konto gutgeschrieben ist. Zudem ist die Vorkasse für den Händler nicht kostenlos: Wie bei dem Kauf auf Rechnung entstehen für ihn Kosten für den Abgleich des Zahlungseingangs mit den offenen Posten und für Rückfragen bei möglichen Unklarheiten.

PAYPAL
Der Onlinebezahldienst PayPal hat Anfang 2012 eigenen Angaben zufolge hier zu Lande mehr als 15 Millionen Konten von Onlinekunden. Weltweit sollen es rund 103 Millionen „aktive" Kundenkonten in 190 Ländern sein, so dass ein Händler also auch Transaktionen ins Ausland vergleichsweise unkompliziert abwickeln kann.

Sowohl Händler als auch Käufer richten bei PayPal ein Konto ein. Die Kunden können wählen, ob sie per Lastschrift, Kreditkarte, Überweisung oder giropay zahlen wollen und hinterlegen die entsprechenden Daten bei PayPal. Während des Bezahlvorgangs im Onlineshop wird der Kunde, der PayPal als Zahlungsart anklickt, zu dem Bezahldienst weitergeleitet und loggt sich dort mit seinen Kontodaten ein.

PayPal bestätigt dem Kunden eine erfolgreiche Transaktion und meldet dies gleichzeitig dem Webshopbetreiber, der daraufhin den Kaufvorgang abschließen kann. Händler bekommen den Betrag auf ihrem Händlerkonto gutgeschrieben und müssen es von dort auf ihr „normales" Konto überweisen, um an ihr Geld zu gelangen.

Onlinehändler, die PayPal anbieten, zahlen keine Grundgebühr, sondern für jede einzelne Zahlung. Innerhalb Deutschlands, aus einem Mitglieds-

Zahlung

staat der Europäischen Union sowie aus Norwegen, Island und Liechtenstein werden je Transaktion 35 Cent fällig, hinzu kommt ein gestaffelter Prozentsatz. Hat der Händler einen Paypal-Monatsumsatz bis 5.000 Euro, muss er je Transaktion 1,9 Prozent des Betrages zahlen. Liegt sein Monatsumsatz jenseits der 50.000 Euro, werden 1,2 Prozent fällig. Das ist nicht unbedingt preiswert, aber der Zahlungsabwickler wirbt mit dem Vorteil der Liquidität: Das Geld soll in aller Regel am nächsten Tag auf dem Konto des Verkäufers sein, verspricht PayPal.

Der Zahlungsdienstleister umwirbt Händler zudem mit einem Verkäuferschutz: PayPal übernehme alle Risiken des Lastschriftverfahrens inklusive Rücklastschriften, die nicht an den Verkäufer weitergegeben werden, sowie Rückbuchungen von innerdeutschen Kreditkartenzahlungen. Zudem erledige PayPal auch die Regulierung bei unberechtigten Käuferbeschwerden.

Um diese Leistungen in Anspruch nehmen zu können, muss ein Händler allerdings recht strenge Bedingungen etwa beim Warenversand und der Zustelladresse erfüllen. Weicht er davon ab, steht er im Falle eines Falles mit seinen Forderungen allein da. Wenn es Streit gibt, steht der Händler ohnehin fast rechtlos da, bemängeln Kritiker die rigiden Allgemeinen Geschäftsbedingungen; seine (berechtigten) Forderungen durchzusetzen sei oft schwierig und langwierig. Da während eines Streits das gesamte Guthaben auf dem Händlerkonto eingefroren wird, kann es zudem zu einem Liquiditätsengpass kommen. Wer PayPal nutzt, sollte daher seine eingegangenen Gelder zügig auf sein Geschäftskonto überweisen.

KAUF AUF RECHNUNG

Der Kauf auf Rechnung, bei dem der Kunde nach Erhalt der Lieferung zahlt, ist ein Klassiker im deutschen Versandhandel und somit bei den meisten Kunden akzeptiert und beliebt. Allerdings trägt der Händler das Risiko, dass die Rechnungen spät oder gar nicht bezahlt werden. Außerdem muss der Händler Kosten für die Bearbeitung des Rechnungskaufs einrechnen, etwa den Zahlungseingang mit den offenen Posten vergleichen und bei Unklarheiten nachhaken.

Inzwischen gibt es auch Anbieter, die den Kauf auf Rechnung für den Händler abwickeln. Die Abrechnungsmodelle in der recht jungen Branche sind sehr unterschiedlich. Bei einem Anbieter zahlen Händler beispielsweise eine Transaktionsgebühr, die sich aus einem Fixbetrag und einem prozentualen Anteil zusammensetzt, sowie eine monatliche Pauschale in Höhe von knapp 30 Euro, die unabhängig von der Anzahl der Transaktionen ist. Ein anderer Anbieter verlangt eine Prämie von bis zu sieben Prozent der Rechnungssumme.

KREDITKARTE

Im internationalen Vergleich sind die Deutschen Kreditkartenmuffel. Während in Amerika kaum etwas ohne die kleine Plastikkarte läuft, hat hier zu Lande etwa jeder fünfte Verbraucher eine Kreditkarte. Rund ein Drittel aller Einkäufe im Internet werden Schätzungen zufolge inzwischen mit der Kreditkarte getätigt.

DER VORTEIL: Der Kauf per Kreditkarte ist auch im Internetshop für den Kunden recht unkompliziert und sein Konto wird erst später belastet, so dass er diese Zahlungsmöglichkeit als sicher und komfortabel empfindet. Für Onlinehändler, die Waren oder Dienstleistungen ins Ausland liefern wollen, sind Kreditkarten vorteilhaft, weil sie überall in der Welt eingesetzt werden. Beispielsweise ist der Einzug von Lastschriften in anderen Ländern schwierig bis unmöglich und der Kauf auf Rechnung ziemlich risikoreich.

Zahlt der Kunde per Kreditkarte, gibt er die Kartennummer, das Gültigkeitsdatum sowie die Kartenprüfnummer in ein Web-Formular ein und bestätigt den Auftrag. Die Daten werden anschließend an einen so genannten Kreditkartenacquirer weitergeleitet, der für den Händler die Autorisierung und Abrechnung der Zahlung per Kreditkarte abwickelt. Ist die Autorisierung erfolgreich, erhält der Händler einen Autorisierungscode, der bestätigt, dass das Kreditkartenkonto tatsächlich existiert und mit dem Betrag belastet werden kann. Der Acquirer zieht die Summe vom Kreditkartenkonto des Kunden ein und schreibt es auf dem Händlerkonto abzüglich des vereinbarten Entgelts („Disagio") gut.

Der Kunde kann auch bei der Kreditkarte die Abbuchung rückgängig machen, allerdings anders als beispielsweise der Lastschrift nicht ohne Angabe von „guten" Gründen. Um die teuren Bank-Gebühren bei so genannten Chargebacks zu minimieren, sollten Onlinehändler auf einen berechtigten Rückbuchungs-Grund möglichst schnell mit einer Gutschrift auf das Kreditkartenkonto des Kunden reagieren. Die endgültige Entscheidung darüber, ob der Händler den Anspruch auf Rückzahlung zurückweisen kann, trifft die Bank, die die Kreditkarte herausgibt. Erkennt sie den Widerspruch des Händlers nicht an, muss dieser sich direkt mit dem Kunden auseinandersetzen.

Überschreitet der Anteil der Chargebacks an allen Transaktionen des Onlinehändlers eine Obergrenze von rund zwei Prozent, droht ihm neben den teuren Rückbuchungsgebühren auch noch der Verlust des Kreditkarten-Akzeptanzvertrags.

Die Kreditkartenorganisationen haben inzwischen die klassischen Karten um Funktionen für den Einsatz im Internet erweitert und auch einige neue Produkte für das Onlineshopping entwickelt. So gibt es beispielsweise inzwischen so genannte Prepaid-Kreditkarten, die wie Prepaid-Telefonkarten auf Guthabenbasis funktionieren und die auch an Jugendliche ab einem Alter von 14 Jahren ausgegeben werden dürfen.

NACHNAHME

Wenn der Kunde per Nachnahme bar zahlt, gehen weder Händler noch Kunden ein größeres Risiko ein. Der Händler bekommt sein Geld, der Kunde zahlt, wenn er seine Ware in den Händen hält. Doch die Abwicklung einer Nachnahme ist vergleichsweise teuer und zudem recht umständlich – beispielsweise, wenn der Kunde das Geld gerade nicht parat hat. Neuerdings bieten allerdings manche Zustelldienste auch die Möglichkeit an, per Kredit- oder EC-Karte zu zahlen.

Außerdem ist der Kunde nicht immer zu Hause, um das Paket in Empfang zu nehmen. Kann die Ware nicht zugestellt werden oder wird sie nicht im Depot des Zustellers abgeholt, geht sie zurück an den Händler – und er bleibt auf den Versandkosten und der teureren Nachnahmegebühr „sitzen". Das kann kostspielig werden: Die Versandkosten und Nachnahmekosten für ein Paket bis zu 10 Kilogramm können rund elf Euro betragen – eine Summe, die auch der Kunde nicht unbedingt bereit ist zu zahlen. Sechs Prozent der Händler, die die Nachnahme in ihrem Onlineshop einsetzen, möchten diese eventuell wieder abschaffen, so das Ergebnis des „E-Payment-Barometer".

BARZAHLUNG

Inzwischen hat sogar Bargeld den Schritt ins Internet geschafft: Bei den 2012 vorgestellten neuen Zahlverfahren „BarPay" der Münchener Wirecard Bank AG und „Bar zahlen" der Zerebro Internet GmbH kauft der Kunde online und bezahlt stationär. Nach dem Kauf erhält der Onlinekunde per SMS, E-Mail oder direkt im Browser einen Beleg, der mit einem Barcode versehen ist. Der Kunde kann das PDF-Dokument ausdrucken oder über eine Smartphone-Applikation bei einem stationären Händler vorlegen. Der Beleg wird an der Kasse eingescannt und der Kunde bezahlt seinen Online-Einkauf vor Ort. Die Zahlungsbestätigung soll „in Echtzeit" an den Onlinehändler übermittelt werden, der die bestellte Ware daraufhin verschicken kann.

BarPay wird nach Angaben von Wirecard in Deutschland von rund 18.000 Tankstellen, Shops und Kiosken akzeptiert, die zu dem Netzwerk des Großhändlers Lekkerland gehören. Beide Unternehmen werben damit, dass Onlinehändler ihre Nachnahme- und Inkassokosten senken und gleichzeitig ihre Kaufabschlussrate erhöhen können, weil sie Verbraucher erreichen, die keinen Zugang zu Kreditkarten haben.

SOFORTÜBERWEISUNG.DE

Sofortüberweisung ist ein von der Payment Network AG ins Leben gerufenes Online-Bezahlverfahren, das vom TÜV Saarland zertifiziert wurde. Es richtet sich an Kunden, die ein Girokonto besitzen und deren Bank Onlinebanking anbietet.

Der Kunde wird im Webshop beim Klicken dieser Zahlungsoption zur Website von sofortüberweisung.de weitergeleitet. Dort werden die

Bankleitzahl, der Name des Kontoinhabers, die Kontonummer sowie der PIN erfragt. Daraufhin erscheint ein bereits ausgefülltes Online-Überweisungsformular, das der Kunde mit der entsprechenden Transaktionsnummer (TAN) freigibt. Anschließend wird er zum Onlineshop zurückgeleitet.

Die Bankdaten sowie PIN und TAN werden sofort an das Kreditinstitut des Kunden weitergeleitet. Der Onlineshopbetreiber wird nach erfolgter Transaktion informiert und erhält eine Zahlungsgarantie, so dass er die Ware sofort verschicken kann. Eine bereits erfolgte Überweisung kann der Kunde nicht rückgängig machen.

Die Payment Network AG sichert den Onlinekunden einen Käuferschutz in Höhe von 2.500 Euro zu, wenn sie bei einem gewerblichen oder geprüften Händler bestellen. Zudem sind die Transaktionen gegen Phishing, Pharming, PIN- oder TAN-Missbrauch versichert, wirbt der Zahlungsabwickler.

Bei Händlern ist Sofortüberweisung.de wegen der im Vergleich zu giropay günstigeren Transaktionskosten, der weiten Bankenverfügbarkeit sowie der vergleichsweise einfachen Integration beliebt. Je Transaktion zahlt der Händler je nach Branche ein bis 2,5 Prozent vom Umsatz.

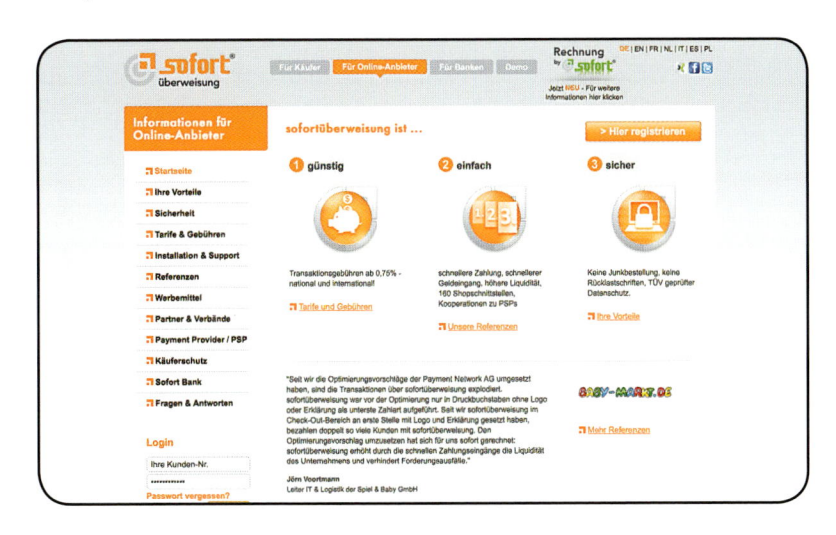

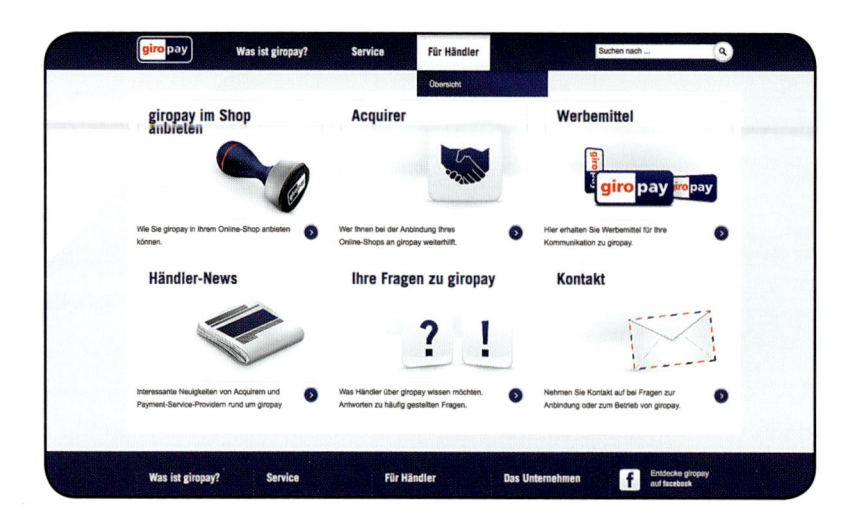

GIROPAY

Das Zahlverfahren „giropay", das von der deutschen Kreditwirtschaft entwickelt wurde, will die Nachteile der Vorkasse wie etwa die Verzögerungen vermeiden. Wählt der Kunde diesen Weg, um seine Onlinebestellung zu zahlen, wird er zum Onlinebanking seiner Bank umgeleitet und loggt sich dort wie sonst auch in den geschützten Bereich ein. Dort wird ihm ein bereits mit den Zahlungsdaten und dem Verwendungszweck vorausgefüllter Überweisungsauftrag angezeigt, den der Kunde mit einer TAN bestätigen muss.

DER VORTEIL: Der Kunde vertraut seiner Bank und dem ihm bekannten, sicheren Verfahren mit PIN/TAN-Abfrage.

DER NACHTEIL: Nur Kunden, deren Bank den Dienst auch anbietet, können giropay nutzen. Giropay wird eigenen Angaben zufolge Anfang 2012 von mehr als 1.500 Banken – darunter die Postbank – und Sparkassen angeboten und kann demnach von rund 17 Millionen deutscher Onlinebanking-Kunden genutzt werden.

Das Kreditinstitut übermittelt sofort eine Auftragsbestätigung an den Händler und leitet den Kunden zurück in den Webshop. Da die Banken dem Händler die Zahlung garantieren, kann er die Ware sofort versenden. Vorab muss der Händler einen entsprechenden Vertrag mit einem „Acquirer" als Partner und Bindeglied eingehen. Die Konditionen dieser Vertragspartner sind offenbar recht unterschiedlich und sollten individuell geprüft werden. In der Regel muss ein Händler bei der Durchführung einer Zahlung mit giropay eine Gebühr in Höhe von zwei bis drei Prozent des Umsatzes zahlen.

Grundsätzlich zahlt der Kunde auch bei giropay per Vorkasse, denn er begleicht die Rechnung, bevor er die Ware geliefert bekommt. Dementsprechend muss er dem Onlinehändler vertrauen.

LASTSCHRIFT

Die Zahlung per Lastschrift ist sowohl für den Händler als auch für den Kunden recht bequem. Bei der Bezahlung gibt der Kunde in einem Formularfeld seine Bankverbindung an, die der Onlinehändler dann bei seiner Bank zum Einzug des Betrags nutzt. Allerdings haben einige Kunden Bedenken, ihre Kontodaten im Internet preiszugeben.

Bei der Lastschrift fallen für den Händler vergleichsweise geringe Kosten an. Teuer wird es allerdings für den Händler, wenn es zu einer Rücklastschrift kommt, etwa weil der Kunde Widerspruch einlegt oder das Konto nicht gedeckt ist. Denn die Möglichkeit, den belasteten Betrag ohne Angabe von Gründen zurückzubuchen, hat der Kunde innerhalb von sechs Wochen. Außerdem liegt dem Händler bei Internetbestellungen in der Regel keine schriftliche Einzugsermächtigung des Kunden vor, ohne die er im Streitfall gegenüber der Bank nicht beweisen kann, dass der Einzug rechtmäßig ist.

Die Gebühren für eine Rücklastschrift unterscheiden sich je nach Bank, belaufen sich aber meist auf etwa drei bis fünf Euro. Darüber hinaus fallen bei nicht gedeckten Konten oder falschen Kontodaten Stornogebühren von mehreren Euro an, die der Händler tragen muss. Um Rücklastschriften sowie generell Bonitäts- und Betrugsrisiken zu minimieren, sollte der Händler Sperrdateien oder Adress- und Bonitätsprüfsysteme nutzen und kann sich mit einem so genannten Payment Service Provider absichern. Wenn er die Lastschrift mit seinen internen Daten abgleicht und nur in Zweifelsfällen oder bei Neukunden eine Auskunftsabfrage in Anspruch nimmt, wird es günstiger für ihn.

PAYMENT SERVICE PROVIDER

Ein Payment Service Provider (PSP) übernimmt die technische Anbindung eines Onlineshops an Zahlungsdienstleister wie Banken oder Kreditkartenfirmen. Der Händler hat somit im Prinzip keinen Aufwand für die Integration und Abwicklung unterschiedlicher Zahlungsarten und kann zudem von Dienstleistungen wie Risikomanagement oder Inkasso profitieren.

SICHERE VERSCHLÜSSELUNG

Kundendaten wie Adresse und Bankverbindung wie auch sein Kaufverhalten sind für den Onlinehändler bares Geld wert. Deshalb nehmen Kriminelle für den Diebstahl der sensiblen Datensätzen durchaus auch einen größeren Aufwand in Kauf. Um einem Datenmissbrauch vorzubeugen, sollte der Onlinehändler sensible Daten ausschließlich verschlüsselt übertragen. Im Internet hat sich das Verschlüsselungsprotokoll TLS, kurz für Transport Layer Security, etabliert, das allerdings unter der Vorgängerbezeichnung Secure Sockets Layer (SSL) besser bekannt ist. Man erkennt die Verschlüsselung zum einen an dem Schloss-Symbol in der unteren Browserleiste. Zum anderen beginnt die Internetadresse einer verschlüsselten Webseite mit „https" statt wie gewöhnlich mit „http". Damit ein Händler die Verschlüsselung anbieten kann, muss er ein Zertifikat erwerben.

CHECKLISTE ZAHLUNGSVERFAHREN

Anhand der folgenden Kriterien und Fragen können Händler das für ihren online-Shop passende Zahlungsverfahren wählen.

- *VERBREITUNG / AKZEPTANZ DURCH KUNDEN*
  - ★ Welcher Anteil der Kunden / Zielgruppe des Unternehmens kann das Verfahren ohne Weiteres nutzen?
- *SCHUTZ VOR ZAHLUNGSAUSFÄLLEN*
  - ★ Wie hoch ist das Risiko von Zahlungsausfällen und inwiefern kann man sich davor schützen?
  - ★ Wann erfolgt der Zahlungseingang?
- *KOSTEN*
  - ★ Welche einmaligen und wiederkehrenden Kosten fallen an?
- *UNTERSTÜTZUNG PROZESSE*
  - ★ Inwiefern können mithilfe des Zahlungsverfahrens durchgängige / automatisierte Prozesse gestaltet werden?
- *ANONYMITÄT*
  - ★ Soll im Web-Shop auch die Möglichkeit bestehen, anonym zu bezahlen?
- *BETRAGSBEREICH*
  - ★ Welche Beträge (von x Euro bis y Euro) sollen abgewickelt werden können?
- *WIEDERKEHRENDE ZAHLUNGEN*
  - ★ Wird eine Unterstützung wiederkehrender Zahlungen benötigt (z. B. für Abonnements)?

Quelle: ibi research (E-Commerce-Leitfaden)

SICHERHEIT

🛒 Rundum sicher

Das Thema Sicherheit hat im Onlinehandel viele Facetten: So darf der Onlinehändler zum Beispiel nicht vergessen, seinen Shop vor Hackern zu schützen und muss darauf achten, dass er die Daten, die er bereits hat, sichert und jederzeit wiederherstellen kann. Zudem muss sein Webshop den rechtlichen Bedingungen entsprechen. Für jedes dieser drei komplexen Themen sollte der Händler „sicherheitshalber" Fachleute engagieren.

Zusammen mit den Experten sollte der Onlinehändler ein umfassendes, auf seinen Webshop individuell zugeschnittenes Sicherheitskonzept erstellen und seinen Shop wie auch die restliche IT vor Angriffen von außen und Unbedachtheiten von innen schützen. Die Schnittstellen nach außen sind die „Türen", die er gegen Hacker, Viren, Trojaner und Massen-E-Mails (Spam) abschotten muss.

Dabei ist auch die regelmäßige Pflege unerlässlich: Der Werbshopbetreiber darf nicht vergessen, die jeweils neueste Softwareversion seines Shops und anderer Programme aufzuspielen. Denn dort werden Sicherheitslücken, sobald sie erkannt werden, von den Herstellern in aller Regel zügig behoben. Viele „Datenklau"-Skandale der letzten Zeit auch bei Handelsunternehmen waren überhaupt erst möglich, weil die Unternehmer die Software-Aktualisierungen vernachlässigt hatten – und somit Hackerattacken, auf die die jeweiligen Programmierer bereits reagiert hatten, schutzlos ausgeliefert waren.

Zudem sind die Daten, die ein Onlinehändler hat, sein wichtigstes Kapital. Deshalb muss er diese regelmäßig sichern – um sie im Falle eines Verlustes etwa durch Feuer, Wasser, Diebstahl oder einen Virus schnell wiederherstellen zu können. Weil es vergleichsweise teuer ist, die Daten sofort wiederzubekommen, sollte jeder Onlinehändler auch zu diesem so genannten Backup ein individuelles Konzept erstellen und festlegen, welche Daten und IT-Systeme er nach einem Daten-GAU sofort wieder für den aktuellen Geschäftsbetrieb benötigt und auf welche er eine gewisse Zeit warten kann.

Kriminellen keine Chance

Fehlende Ressourcen, zu knappe Budgets und immer komplexere IT-Systeme: Es ist aus unterschiedlichen Gründen nicht so einfach, seinen Webshop abzusichern. Hinzu kommt, dass es unzählige IT-Sicherheitsprodukte und -berater gibt und es schwierig ist, bei den unterschiedlichen Lösungen den Überblick zu behalten.

Dabei muss die Erstellung und Umsetzung eines Sicherheitskonzeptes entgegen gängiger Vorurteile nicht zwangsläufig unbezahlbar sein. Wichtig ist vielmehr, dass der Onlinehändler gesunden Menschenverstand walten lässt, das Thema Sicherheit gut organisiert und seine Mitarbeiter informiert und einbindet. Denn potentielle Angreifer sind äußerst erfinderisch – ihnen werden oft aus Unwissenheit Tür und Tor geöffnet. Außerdem gilt angesichts der immer neuen Ideen der Internetkriminellen, dass die Sicherheit im Onlineshop und der restlichen IT kein statischer Zustand ist, sondern ein ständiger Prozess.

Sicherheits-Versäumnisse

Das Bundesamt für Sicherheit in der Informationstechnik (BSI) hat typische Fehler und Versäumnisse untersucht und quer durch die Branchen und Unternehmensgrößen einige Parallelen gefunden.

So ist zum Beispiel die mangelhafte Sicherheitsstrategie ein Dauerbrenner: IT-Sicherheit hat demnach oft einen **zu geringen Stellenwert** in Unternehmen und wird nur als Kostentreiber gesehen. Vor allem bei Neuanschaffungen wird das Thema Sicherheit vernachlässigt oder gar nicht erst bedacht.

Ein weit verbreiteter Fehler ist auch, dass den Unternehmen **dauerhafte Prozesse fehlen,** um das Sicherheitsniveau aufrechtzuerhalten. So werden Sicherheitsvorkehrungen in Einzelprojekten erarbeitet und beispielsweise Schwachstellen identifiziert. Allerdings versäumen viele Unternehmer dann Prozesse zu definieren, die die Projektergebnisse und Ziele dauerhaft umsetzen. Viele Defizite sind dabei ein Ausdruck des schlechten internen Sicherheitsmanagements, warnt das Bundesamt für Sicherheit in der Informationstechnik: Teils fehlten klare Zuständigkeiten für sicherheitsrelevante Aufgaben, teils würden vereinbarte Maßnahmen nicht regelmäßig überprüft.

In den meisten kleineren und mittelständischen Unternehmen sind darüber hinaus die jeweiligen **Sicherheitsvorgaben nicht dokumentiert.** Dabei hilft eine schriftlich fixierte, gut verständliche und nicht zu schwammig formulierte Sicherheitsrichtlinie allen Beteiligten, Sicherheitsverstöße zu vermeiden. In der Richtlinie sollten auch konkrete Hinweise enthalten sein, wie die einzelnen Punkte praktische umgesetzt werden können.

Bestehende Sicherheitsrichtlinien und -vorgaben sind zudem nur dann wirksam, wenn ihre Einhaltung auch kontrolliert werden kann. Diese

Kontrollmechanismen fehlen allerdings oft. Werden die bestehenden Vorschriften missachtet, erhöht sich dadurch allerdings das Sicherheitsrisiko deutlich.

Eine Regel der IT-Sicherheit ist das so genannte Need-to-Know-Prinzip: Jeder Nutzer und auch Administrator sollte nur auf diejenigen Datenbestände zugreifen und Programme ausführen dürfen, die er für seine tägliche Arbeit tatsächlich benötigt. Das bedeutet in der Praxis allerdings zusätzlichen administrativen und technischen Aufwand, die **Rechtevergabe** wird **nicht restriktiv** genug gehandhabt. Doch wenn die meisten Mitarbeiter in einer gut vernetzten IT-Umgebung Zugriff auf sensible Daten und Programme haben, die sie gar nicht benötigen, können sie diese Daten versehentlich, durch Unkenntnis oder aber mit voller Absicht missbrauchen.

Durch **Fehler bei der Administration** entstehen in der Praxis die mit Abstand meisten Sicherheitslücken – und nicht etwa durch Softwarefehler. Das liegt daran, dass die Standardanwendungen von Jahr zu Jahr komplexer werden, das Thema Sicherheit für Administratoren jedoch nur eine von vielen Anforderungen im Arbeitsalltag ist.

Es gibt intern schon genug Sicherheitsschwachstellen. Doch mit einer **unsicheren Vernetzung und Internetanbindung** muss der Unternehmer damit rechnen, dass Schwachstellen von Hackern aufgespürt und missbraucht werden. Das BSI beobachte immer wieder, dass Informationen, Systeme und Teilnetze gar nicht oder nur unzureichend von offenen Netzen abgeschottet werden.

Sicherheitsmaßnahmen werden darüber hinaus aus oft aus **Bequemlichkeit** vernachlässigt. So helfen die besten Richtlinien und Sicherheitsmaßnahmen nichts, wenn sie nicht beachtet werden. Klassiker dieser „Vernachlässigung" sind beispielsweise, dass vertrauliche Dokumente oder E-Mails nicht verschlüsselt werden. Auch ist es ratsam, die Passwörter regelmäßig zu ändern, allerdings empfinden das die Nutzer genau so lästig, wie Bildschirmschoner mit einem Kennwort zu versehen. Und es kommt auch vor, dass einem x-beliebigen Anrufer, der sich als neuer Mitarbeiter der IT-Abteilung ausgibt, Passwörter verraten werden – weil er so nett danach gefragt hat.

BUCHTIPP

Bundesamt für Sicherheit in der Informationstechnik: Leitfaden Informationssicherheit. IT-Grundschutz kompakt. Kostenloser Download unter:

www.bsi.bund.de

TIPPS RUND UM DIE SICHERHEIT

- Schützen Sie Ihren Server vor Schadsoftware und Hackern und installieren Sie eine Firewall.
- Halten Sie das Betriebssystem und alle Programme immer auf dem neuesten Stand.
- Sichern Sie den Server so, dass Programme nur mit der nötigen Berechtigung ausgeführt werden können.
- Dateien, die die Kunden hochladen, dürfen nur beschränkte Rechte besitzen.
- Sichern Sie mindestens einmal täglich Ihre Daten an einem anderen Ort als sich die Originaldaten befinden.
- Lassen Sie nur sichere Passwörter zu.
- Protokollieren Sie jeden fehlgeschlagenen Login-Versuch und zeigen Sie ihn dem Kunden beim nächsten Login an.
- Legen Sie die Anzahl möglicher Fehlversuche fest und sperren Sie automatisch das Nutzerkonto („Account"), wenn die Zahl überschritten wird.
- Informieren Sie den Kunden via E-Mail automatisch über die Sperrung des Benutzerkontos.
- Nutzen Sie eine Verschlüsselung beim Austausch von Kundendaten.
- Bieten Sie sichere Zahlverfahren an.

SICHERES PASSWORT

Der Mensch ist ein Gewohnheitstier. Deshalb merkt er sich auch nicht gerne neue Passwörter. Kommt ein Hacker an die Einlog-Daten eines Kunden, hat er dementsprechend leichtes Spiel. Deshalb sollte der Webshopbetreiber den Kunden anleiten, wie er ein sicheres Passwort findet – und sich auch selbst daran halten.

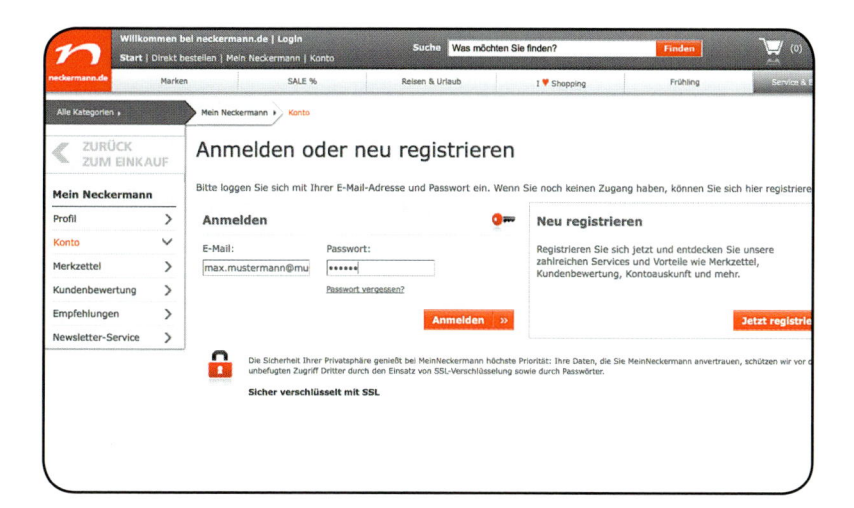

◯ Vermeiden Sie zu einfache Passwörter: Namen, Kfz-Kennzeichen oder Geburtsdaten sind unsicher. Verwenden Sie mindestens acht Zeichen. Besonders sicher sind Passwörter mit Sonderzeichen und Ziffern.

◯ Konstruieren Sie ein leicht zu merkendes Passwort: Prägen Sie sich einen einfachen Satz ein wie z. B. „Ich benutze immer ein sicheres Passwort am Computer" und verwenden Sie von diesem Satz den ersten Buchstaben jedes Wortes. Im Beispiel ergibt sich das Passwort „IbiesPaC".

- Ändern Sie Ihre Passwörter: Ersetzen Sie voreingestellte Passwörter, z.B. die des Herstellers bei Auslieferung von Computern, sofort durch eigene Passwörter.

- Ändern Sie Ihre Passwörter regelmäßig, jedoch nicht zu oft – z. B. alle 90 Tage, aber sofort, wenn das Passwort unberechtigten Personen bekannt geworden ist.

- Gebrauchen Sie keine alten Passwörter nach einem Passwortwechsel.

- Benutzen Sie für Ihre Anwendungen unterschiedliche Passwörter.

- Seien Sie vorsichtig mit Ihren Passwörtern. Schreiben Sie Ihre Passwörter nicht auf und geben Sie sie an niemanden weiter.

- Geben Sie Ihr Passwort immer unbeobachtet ein.

- Das Passwort des EDV-Administrators sollte nur diesem bekannt sein. Bewahren Sie es für den Vertretungsfall versiegelt und sicher auf.

Quelle: Netzwerk Elektronischer Geschäftsverkehr (NEG)
http://ec-net.de/EC-Net/Navigation/root,did=204006.html

Interview mit Olaf Siemens

„HACKER-ANGRIFFE OFFENBAREN STRATEGISCHE LÜCKEN"

Woran liegt es, dass immer wieder Internetseiten von Handelsunternehmen geknackt werden?

Ein Internetauftritt ist keine statische Seite, sondern es kommt immer mal etwas hinzu: Hier eine App, da ein Bonusprogramm. Die neuen Anwendungen werden dann oft nur obendrauf gepackt. Der Softwareentwickler hat zudem in aller Regel einen anderen Fokus, als auf die Sicherheit zu achten. Er will die Prozesse möglichst geschmeidig programmieren. Hinzu kommt, dass für die Sicherheit dann das Budget nicht mehr reicht, weil das Thema Sicherheit oft nur unter Kostenaspekten gesehen wird.

Was kann ein Händler tun, damit seine Internetseite nicht von Hackern geknackt wird?

Der Händler sollte das Thema Onlinesicherheit als Teil des Qualitätsmanagements begreifen und einen Anbieter mit entsprechendem Knowhow beauftragen, damit der das System als potenzieller Angreifer testet. Denn nur so kann er prüfen, wie sicher seine Seite wirklich ist und welche Lücken er eventuell schließen muss. Die nächste Stufe ist die Zertifizierung, bei der die Internetseiten unter anderem regelmäßig geprüft werden und das interne Sicherheitsmanagement abgeklopft wird. Angriffe sind meist nicht nur ein technisches Problem, sondern offenbaren oft auch eine strategische Lücke.

Wie gefährlich sind alte Softwareversionen?

Das Problem ist, dass die meisten Unternehmer sich denken, dass ja alles gut läuft und sich nicht um Aktualisierungen kümmern. In der Hackerszene sprechen sich Sicherheitslücken aber blitzschnell herum. Auch hier ist es wichtig, das sogenannte Patch-Management als Prozess zu begreifen, den ich als Händler aktiv gestalten muss.

Welche Rolle spielen Mitarbeiter als Sicherheitsrisiko?

Das Bewusstsein, was rund um die IT gefährlich für das gesamte Unternehmen sein könnte, fehlt oft. Manche Angreifer machen sich die Gutmütigkeit der Angestellten zunutze, die sensible Zugangsdaten herausgeben. Auch die Programmierer sind oft unbedarft. Wenn wir beispielsweise zeigen, dass die Formulare auf einer Webseite so ausgefüllt werden können, dass sie Schadprogramme einschleusen, bekommen wir oft zur Antwort „Das macht doch keiner". Aber Hacker tun so etwas eben doch. Deshalb müssen Händler alle Mitarbeiter für das Thema Sicherheit sensibilisieren.

Gibt es da nicht unterschiedliche Interessen zwischen IT-Abteilung und Mitarbeitern?

Das ist das Problem, denn die Verantwortlichen müssen immer zwischen Sicherheit und Nutzbarkeit balancieren. Wenn die Sicherheit zu restriktiv angelegt ist, suchen sich die Mitarbeiter einen Weg drum herum. Der Klassiker ist die Weiterleitung an den privaten E-Mail-Account, da hat die IT-Abteilung dann gar keinen Einfluss mehr. Oft kommen auch Geschäftsführer mit einem Smartphone oder iPad an und nötigen die IT, das Gerät einzubinden. Wenn es dann verloren geht oder gestohlen wird, sind Zugangsdaten oder der E-Mail-Verkehr schnell in der Hand der Falschen. Ein guter Kompromiss ist in diesem Fall, dass private Geräte genutzt werden dürfen, aber die IT-Abteilung entsprechende Sicherheitssoftware installiert und bei der Passwortauswahl ein Wörtchen mitzureden hat.

Olaf Siemens ist Geschäftsführer der TÜV Rheinland i-sec GmbH

Rechtlich auf der sicheren Seite

Wie alle Händler in Deutschland unterliegt auch der Internethandel den Vorschriften eines strengen Wettbewerbsrechts. Aufgrund der Informationspflichten beim „Fernabsatz" und den Pflichten im elektronischen Geschäftsverkehr gelten zudem besondere gesetzliche Anforderungen. So muss der Händler beispielsweise von den Allgemeinen Geschäftsbedingungen über die Artikelbeschreibungen, Preisauszeichnungen sowie Widerrufs- und Rückgabebelehrungen, Datenschutz und Verpackungsverordnung bis hin zu Verkäufen ins Ausland oder von Markenware allerhand beachten.

Denn die Konkurrenz schläft nicht – im Gegenteil entwickelt der ein oder andere Wettbewerber im Zweifel viel Ehrgeiz, potentielle Konkurrenten wettbewerbsrechtlich abzumahnen. Auch Anwälte haben diesen „Markt" als Einnahmequelle für sich entdeckt. Bei mehreren unzulässigen Klauseln in den Allgemeinen Geschäftsbedingungen kann es zu Streitwerten im fünfstelligen Bereich kommen.

Sicherheit

Der Bundesbeauftragte für den Datenschutz und die Informationsfreiheit

INFORMATIONSPFLICHT IM ÜBERBLICK

Vor der Abgabe der Bestellung und direkt nach der Bestellung in Textform muss der Onlinehändler dem Kunden eine Vielzahl von Informationen bereitstellen, unter anderem:

INFORMATIONSPFLICHT

- zum Verkäufer wie Firma, Anschrift, E-Mail-Adresse
- rund um den Datenschutz wie Verwendungszweck und Datenweitergabe
- über die Produkte wie Eigenschaften der Ware und Preise
- zur Zahlung wie Zahlungsart und Zeitpunkt
- über die Lieferung wie Liefergebiet, Lieferzeiten und Steuern
- zum Widerrufs- oder Rückgaberecht
- zum Bestellvorgang wie Korrekturmöglichkeiten und Vertragsschluss

ANBIETERKENNZEICHNUNG

Der Betreiber eines Webshops – wie auch jeder anderen Webseite – ist per Gesetz zur so genannten Anbieterkennzeichnung verpflichtet. Dabei muss er bestimmte Angaben über sich auf der Internetseite veröffentlichen. Dieses „Impressum" dient vor allem dem Verbraucherschutz und gibt erste Auskunft darüber, ob ein Onlineshop seriös ist und liefert dem aufgeklärten Verbraucher dadurch wichtige Informationen. In einem korrekten Impressum muss der Onlinehändler mindestens folgende Angaben machen:

KORREKTES IMPRESSUM
- Vollständiger Vor- und Zuname des Vertretungsberechtigten (Inhaber oder Geschäftsführer)
- Vollständige „ladefähige" Anschrift (Postfachadresse reicht nicht aus)
- Telefonnummer
- E-Mail-Adresse (Kein Kontaktformular)

Manche Unternehmen müssen zusätzlich den Unternehmensnamen und die Rechtsform wie etwa GmbH, Gewerberegister und -nummer, Handelsregisterangaben und Umsatzsteuer-Identifikationsnummer angeben. Wenn beispielsweise ein Apotheker oder Optiker einen Webshop eröffnet, muss er darüber hinaus Angaben zur verantwortlichen Aufsichtsbehörde, der Kammer, der gesetzlichen Berufsbezeichnung und dem Staat, in dem diese verliehen wurde, sowie ein Verweis auf die berufsrechtlichen Regelungen machen.

DATENSCHUTZ

Der Onlinehändler muss in einer Datenschutzerklärung über seine Datenschutzgrundsätze informieren. Diese muss der Kunde auf jeder Seite oder zumindest auf allen Seiten, auf denen der Händler Daten erhebt, jederzeit abrufen können. Zu den Angaben in der Datenschutzerklärung gehört beispielsweise die verantwortliche Stelle für die Datenverarbeitung und die Information, wie die Daten des Kunden verwendet werden – vor allem, wenn die Nutzung über den Zweck der bloßen Vertragsabwicklung hinausgeht, zum Beispiel zu Werbezwecken.

Wenn der Onlinehändler die Bonität des Kunden prüft, muss er die Auskunftei nennen. Falls Daten an Dritte weitergegeben werden, die nicht zur unmittelbaren Vertragsabwicklung nötig sind, muss der Händler den Empfänger der Daten wie auch den Zweck der Weitergabe nennen.

Der Onlinehändler darf grundsätzlich personenbezogene Daten eines Verbrauchers erheben, verarbeiten und nutzen, soweit sie für das Vertragsverhältnis erforderlich sind. Allerdings dürfen nur so wenig personenbezogene Daten wie möglich erhoben, verarbeitet und genutzt werden – und der Kunde muss jederzeit erkennen, welche seiner Angaben obligatorisch und welche freiwillig sind. Wenn der Onlinehändler die Daten über die Vertragserfüllung hinaus nutzen oder weitergeben will, muss der Nutzer dem zustimmen.

Bei dem so genannten Opt-in (englisch für: „sich für etwas entscheiden") muss die Einwilligung vor der verbindlichen Bestellung durch eine „eindeutige und bewusste Handlung des Verbrauchers" erfolgen. Das bedeutet, dass der Onlinekunde Werbekontaktaufnahmen – meist durch E-Mail, Telefon oder SMS – vorher ausdrücklich bestätigen muss. Der Kunde muss zudem darauf hingewiesen werden, dass er seine Einwilligung jederzeit widerrufen – beispielsweise den Newsletter wieder abbestellen – kann.

Der Gegensatz ist das hier zu Lande rechtlich unzulässige Opt-out-Verfahren, die automatische Aufnahme etwa in eine Verteilerliste für den Newsletter nach dem Kauf in einem Webshop. Der Empfänger erhält erst bei Zusendung der E-Mail oder SMS die Möglichkeit, sich aus der Verteilerliste austragen zu lassen, wenn er keine weitere Werbung wünscht. Dieses Verfahren gilt als unseriös – und ist in Deutschland seit dem „Payback-Urteil" des Bundesgerichtshofs (BGH) vom 16. Juli 2008 (Aktenzeichen VIII ZR 348/06) unzulässig.

Auszüge Bundesdatenschutzgesetz: Siehe Seite 153

ALLGEMEINE GESCHÄFTSBEDINGUNGEN

Kein Unternehmer ist verpflichtet, Allgemeine Geschäftsbedingungen zu verwenden. Oft sind die gesetzlichen Regelungen ausreichend. Wer allerdings besondere Vertragsbedingungen festlegen will, sollte das „Kleingedruckte" zuvor von einem Anwalt prüfen lassen.

Wenn der Onlinehändler Allgemeine Geschäftsbedingungen verwendet, muss er den Kunden darauf deutlich und leicht verständlich auf der Startseite des Webshops, während des Bestellprozesses und rechtzeitig vor der Abgabe der Bestellung hinweisen. Der Onlinekunde muss zudem die AGBs einfach etwa in den Dateiformaten HTML oder PDF speichern können.

Der Onlinehändler darf in den AGB nicht alles nach eigenem Gutdünken vereinbaren, denn sie unterliegen nach §§ 307-309 des Bürgerlichen Gesetzbuchs (BGB) einer Inhaltskontrolle. In dem Gesetzestext ist auch eine Auflistung, welche Klauseln auf jeden Fall oder in bestimmten Konstellationen unwirksam sind. Grundsätzlich dürfen die AGB weder den Vertragspartner unangemessen benachteiligen noch Klauseln enthalten, die nicht unmittelbar das Vertragsverhältnis zwischen Händler und Kunde betreffen.

Allgemeine Geschäftsbedingungen im BGB: Siehe Seite 152

Geprüft und für gut befunden

Wenn sich Händler zertifizieren lassen, sind sie technisch und rechtlich auf der sicheren Seite. Mit Gütesiegeln wie „EHI Geprüfter Online-Shop", „Trusted Shop", „TÜV SÜD Safer Shopping" oder „Internet Privacy Standards" fassen Verbraucher schneller Vertrauen: Einer Umfrage zufolge ist für zwei Drittel der Internetnutzer ein Gütesiegel wichtig beim Onlinekauf. Zudem werden „vertrauenswürdige" Onlinehändler in den Suchmaschinen besser gefunden, werben die Anbieter von Gütesiegeln. Die jeweiligen Zertifizierungsstellen überprüfen die Onlineshops regelmäßig, so dass der Händler vergleichsweise schnell eine Rückmeldung bekommt, wenn er beispielsweise neue gesetzliche Änderungen noch nicht in den Allgemeinen Geschäftsbedingungen berücksichtigt hat.

Dabei hört sich „Zertifizierung" aufwändiger und zeitraubender an, als es dann wirklich ist. Die Siegelvergabe gliedert sich grob gesagt in drei Schritte:

GÜTESIEGEL-VERGABE

SCHRITT 1: VORBEREITUNG

Der Siegel-Anbieter schickt ein erstes Prüfungsprotokoll mit gängigen Schwachstellen der Onlineshops, die der Webshopbetreiber meist einfach selbst beheben kann.

SCHRITT 2: PRÜFUNG UND NACHBESSERUNG

Die Zertifizierungsstelle prüft den Webshop und erstellt ein Prüfungsprotokoll: Das gibt Auskunft darüber, inwieweit der Webshop den jeweiligen Qualitätskriterien entspricht und wo noch Verbesserungen nötig sind. Der Onlinehändler setzt die noch offenen Punkte um – wenn nötig mit Hilfe des Siegelanbieters.

SCHRITT 3: ABNAHME UND FREISCHALTUNG

Wenn alle Unklarheiten beseitigt sind, prüft der Siegelanbieter die noch offenen Punkte und der Onlinehändler kann das Gütesiegel nach der erfolgreichen Abnahme in den nun zertifizierten Webshop einbinden.

EMPFOHLENE GÜTESIEGEL

Der gemeinnützige Verein „Initiative D21", der unter anderem von dem Bundesjustizministerium unterstützt wird, empfiehlt folgende Gütesiegel:

www.internet-guetesiegel.de

EHI GEPRÜFTER ONLINE-SHOP

Das EHI Retail Institute ist ein Forschungs- und Bildungsinstitut für den Handel und seine Partner mit Sitz in Köln. Als exklusiver Zeritifzierungspartner des Bundesverbandes des Deutschen Versandhandels (bvh) bietet das EHI neben dem Standardsiegel, das allen Onlinehändlern nach der Zertifizierung offensteht, auch das Gütesiegel „bvh/EHI Geprüfter Online-Shop" an. Dieses Siegel signalisiert, dass der Webshop vom EHI zertifiziert ist und der Händler Mitglied im Bundesverband des Deutschen Versandhandels ist.

www.shopinfo.net

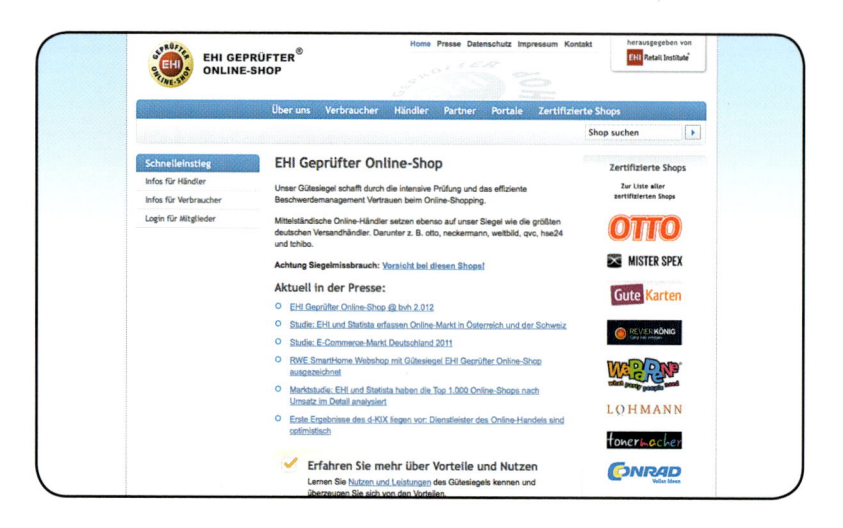

TRUSTED SHOPS

Das 1999 gegründete Unternehmen aus Köln überprüft Händler nach mehr als 100 Einzelkriterien wie Bonität, Preistransparenz, Kundenservice und Datenschutz und vergibt daraufhin sein Gütesiegel. Seit Firmengründung wurden eigenen Angaben zufolge mehr als 10.000 Händler zertifiziert.

www.trustedshops.de

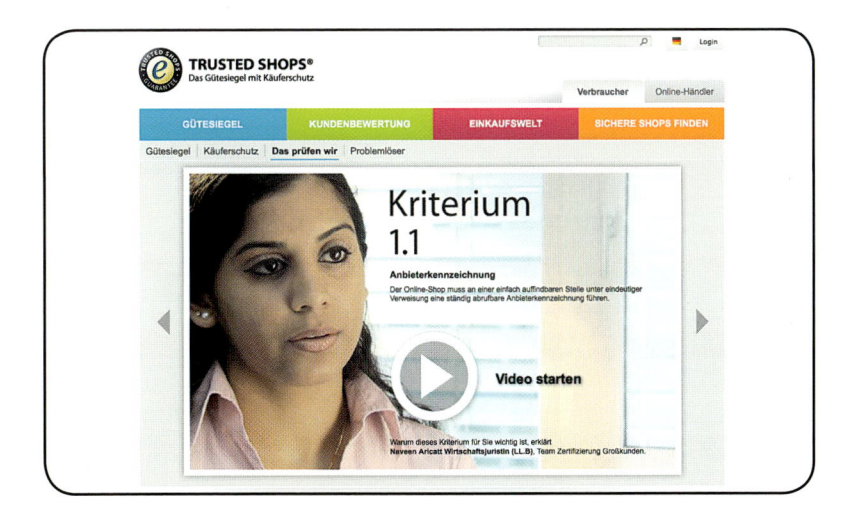

TÜV SÜD SAFER SHOPPING

Safer Shopping ist ein seit 2001 von der TÜV SÜD Management Service etabliertes Gütesiegel zur Zertifizierung von Onlineshops. Händler, die das Gütesiegel führen dürfen, erfüllen die Prüfstandards vor allem bei der Bestell- und Zahlungsabwicklung, dem Datenschutz sowie der Datensicherheit. Zu den mehr als 100 zertifizierten Shops gehören die Shops vor allem großer Anbieter.

www.safer-shopping.de

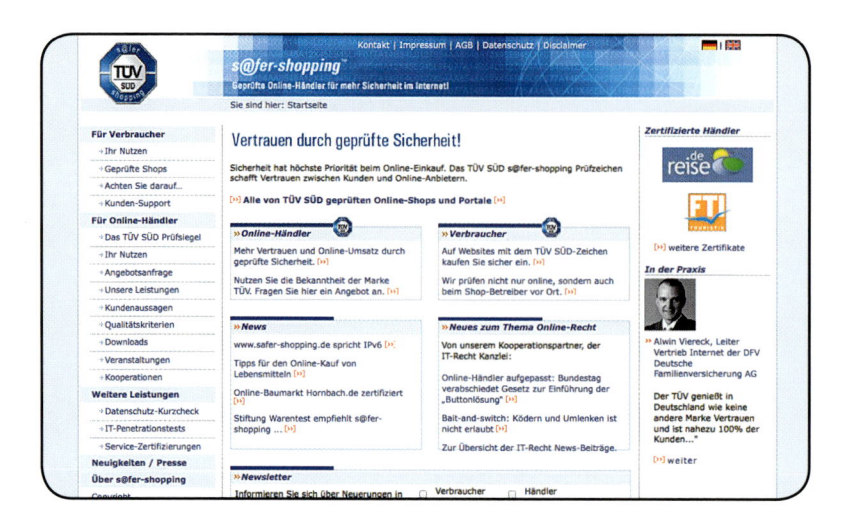

INTERNET PRIVACY STANDARDS (IPS)

Die datenschutz cert GmbH wurde 2008 gegründet und gehört zur datenschutz nord GmbH, die wiederum 2001 als Landesgesellschaft der Freien Hansestadt Bremen gegründet wurde. Der bundesweit tätige Dienstleister im Bereich Datenschutz und IT-Sicherheit führt als unabhängige Prüfstelle Audits durch und zertifiziert Produkte und Unternehmen nach Standards wie ISO, IT-Grundschutz und Common Criteria.

www.datenschutz-cert.de

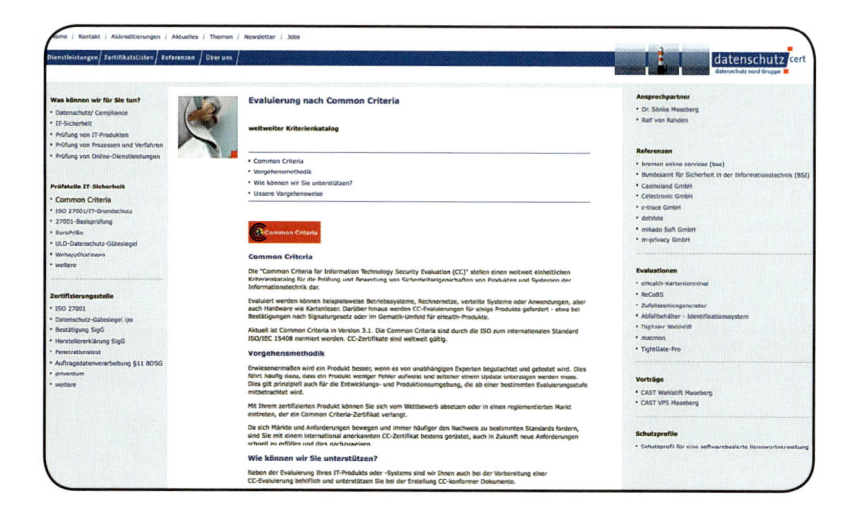

Daten sichern

Was man hat, hat man. Aber darauf sollte man sich nicht allein verlassen, wie das Beispiel des Kölner Stadtarchivs zeigt: Bevor das Archiv mit den umfangreichen Altbeständen aus der Zeit vor 1814 im März 2009 einstürzte und dabei zwei Menschen getötet wurden, verfügte es über 65.000 Urkunden ab dem Jahr 922, 26 Regalkilometer Akten, 104.000 Karten und Pläne und 50.000 Plakate sowie 818 Nachlässe und Sammlungen.

Die Restaurierung der Dokumente, die noch gerettet werden konnten, wird vermutlich mehrere Jahrzehnte dauern; viele der Kulturschätze sind jedoch unwiederbringlich verloren – weil noch nicht einmal Kopien existierten.

Das Thema Datensicherung, neudeutsch Backup, mag auf den ersten Blick nicht besonders sexy wirken. Gerade für Onlinehändler ist es jedoch überlebenswichtig: Wenn der Webshopbetreiber beispielsweise die Datenbank seines Warenwirtschaftssystem nicht ordentlich sichert und so wiederherstellen kann, drohen ihm hohe Umsatzeinbußen.

Zwar haben Horrorszenarien wie Einstürze, Naturkatastrophen und Terroristenangriffe inzwischen viele Unternehmer für das Thema Datensicherung sensibilisiert. Aber die größte Bedrohung für den Datenbestand kommt oft unspektakulärer daher. Meist sind es Benutzerfehler – etwa das unbeabsichtigte Löschen, Systemausfälle, Hard- oder Softwarefehler oder aber eine simple Stromschwankung –, die einen schmerzhaften Datenverlust verursachen.

Hat der Onlinehändler die Daten dann nicht archiviert, sind sie für immer weg. In diesem Falle hilft es ihm auch nicht, wenn er – was durchaus empfehlenswert ist – die aktuell benötigten Daten beispielsweise auf einem anderen Server parallel spiegelt. Denn wenn die Daten im laufenden System aus irgendwelchen Gründen „korrupt" sind, sind sie das auch in der gespiegelten Version.

Onlinehändler müssen ihre Daten aber nicht nur an einem anderen Ort sichern, damit beispielsweise ein Feuer nicht auch die Kopie zerstört. Vielmehr muss er die für das Unternehmen überlebenswichtigen Daten im Falle eines Verlustes schnell wieder herstellen können. Denn für Webshopbetreiber kostet jede Minute, die die Wiederherstellung der Daten dauert, Umsatz.

Doch eine sofortige Wiederherstellung verlorener Daten ist vergleichsweise teuer. Daher sollte jeder Onlinehändler ein individuelles Konzept erstellen, welche Daten er nach einem Daten-GAU sofort wieder für den Geschäftsbetrieb benötigt und welche zu dem Zeitpunkt nicht ganz so entscheidend sind und somit etwas Zeit haben. So ist die Wiederherstellung von Daten, mit denen ein Unternehmer beispielsweise „nur" die Anforderungen des Gesetzgebers erfüllt in aller Regel nicht so dringend wie die Daten rund um eine aktuelle Bestellung.

Für das individuelle Sicherheitskonzept bedeutet dies, dass es nicht nur wichtig ist, in welchen Zeitabständen die Daten gesichert werden – sondern auch, wie schnell die so genannte Restore-Zeit ist, bis die Daten wiederhergestellt sind und dem Händler zur Verfügung stehen.

Das hat Auswirkungen bis hin zur Wahl der Speichermedien: Auf die vergleichsweise günstigen Magnetbänder in den Rechenzentren kann der Onlinehändler beispielsweise Daten speichern, für deren Wiederherstellung er ein paar Tage Zeit hat, etwa um den gesetzlich vorgegebenen Archivierungsfristen nachzukommen. Für das tagesaktuelle Geschäft kann hingegen eine Sicherungskopie auf Festplatten sinnvoll sein.

Grundsätzlich sollte der Onlinehändler sich nicht auf „Nebenbei-Backups" verlassen, beispielsweise wenn er in seiner Shopsoftware auch eine Datensicherungsfunktion anklicken kann: Es erspart ihm keineswegs die eigene Sicherung, denn die Anbieter gewährleisten in aller Regel keine „schnelle" Überspielung der gesicherten Daten. Auch wenn der Onlinehändler sich eine Datensicherung in der „Cloud" überlegt, also das Backup in die Infrastruktur eines Dienstleisters auslagert, bleibt ihm ein Datensicherungskonzept nicht erspart: Er muss sich überlegen, welche Daten er auslagern will und welche lieber nicht. Lagert er die Datensicherung aus, ist das grundsätzliche Sicherungsproblem ohnehin noch nicht gelöst: Der Händler muss auch hier ein Konzept haben, welche Daten er im Falle eines Falles wie schnell wieder zurückhaben muss.

Ob er nun selbst die Datensicherung nimmt oder sie einem Datensicherungsanbieter überlässt: Er muss festlegen, wann und wie oft die Daten an welchem Ort und auf welchen Medien gesichert werden – und wie schnell die sogenannte Restore-Zeit garantiert werden kann, bis die unternehmenskritischen Daten wiederhergestellt sind. Grundsätzlich kann man die Datensicherung mit dem Abschluss einer Versicherung vergleichen: Man gibt Geld für etwas aus, von dem man hofft, dass man es nie braucht.

DATENRETTUNG

DATA RECOVERY, zu deutsch Datenwiederherstellung oder auch Datenrettung, bezeichnet den Vorgang, mit dem man gelöschte oder beschädigte Daten auf einem Datenträger wieder lesbar macht.

Ist kein BACKUP vorhanden, kann man bei unbeschädigten Datenträgern die Daten mit speziellen Programmen wieder sichtbar machen. Dennoch gelingt damit in den seltensten Fällen die komplette Wiederherstellung. Schlimmstenfalls kann man sich nur noch an spezialisierte Firmen wenden, die in „Reinräumen", also staubfreien Labors, Speichermedien wie Festplatten und Magnetbänder zerlegen und danach die Daten rekonstruieren. Da dieser Vorgang aufwändig und teuer ist, lohnt er sich nur, wenn die Daten sehr wichtig und nicht anders zu ersetzen sind. Allerdings weiß man vorher nicht, ob er gelingt und welche Daten gerettet werden können.

Gesetzliche Aufbewahrungsfristen

Jeder Kaufmann ist verpflichtet, geschäftliche Unterlagen über einen bestimmten Zeitraum aufzubewahren. Am weitesten verbreitet und bekannt sind gesetzliche Aufbewahrungsfristen für Dokumente und Daten nach Handels- und Steuerrecht, für die in aller Regel Aufbewahrungsfristen zwischen sechs und zehn Jahren gelten. So regelt unter anderem das Handelsrecht (HGB) in § 257 Aufbewahrung von Unterlagen.

AUFBEWAHRUNGSFRISTEN

AUFBEWAHRUNG VON UNTERLAGEN:
HGB § 257 (1) Jeder Kaufmann ist verpflichtet, die folgenden Unterlagen geordnet aufzubewahren:

1.
- Handelsbücher,
- Inventare,
- Eröffnungsbilanzen,
- Jahresabschlüsse,
- Einzelabschlüsse nach § 325 Abs. 2a:
  Lageberichte,
  Konzernabschlüsse,
  Konzernlageberichte (sowie die zu ihrem Verständnis erforderlichen Arbeitsanweisungen und sonstigen Organisationsunterlagen)

2. die empfangenen Handelsbriefe,
3. Wiedergaben der abgesandten Handelsbriefe,
4. Belege für Buchungen in den von ihm nach § 238 Abs. 1 zu führenden Büchern (Buchungsbelege).

HGB § 257 (2)

Handelsbriefe sind nur Schriftstücke, die ein Handelsgeschäft betreffen.

HGB § 257 (3)

Mit Ausnahme der Eröffnungsbilanzen und Abschlüsse können die in Absatz 1 aufgeführten Unterlagen auch als Wiedergabe auf einem Bildträger oder auf anderen Datenträgern aufbewahrt werden, wenn dies den Grundsätzen ordnungsmäßiger Buchführung entspricht und sichergestellt ist, dass die Wiedergabe oder die Daten

1. mit den empfangenen Handelsbriefen und den Buchungsbelegen bildlich und mit den anderen Unterlagen inhaltlich übereinstimmen, wenn sie lesbar gemacht werden,
2. während der Dauer der Aufbewahrungsfrist verfügbar sind und jederzeit innerhalb angemessener Frist lesbar gemacht werden können.

Sind Unterlagen auf Grund des § 239 Abs. 4 Satz 1 auf Datenträgern hergestellt worden, können statt des Datenträgers die Daten auch ausgedruckt aufbewahrt werden; die ausgedruckten Unterlagen können auch nach Satz 1 aufbewahrt werden.

HGB § 257 (4)

Die in Absatz 1 Nr. 1 und 4 aufgeführten Unterlagen sind zehn Jahre, die sonstigen in Absatz 1 aufgeführten Unterlagen sechs Jahre aufzubewahren.

HGB § 257 (5)

Die Aufbewahrungsfrist beginnt mit dem Schluss des Kalenderjahrs, in dem die letzte Eintragung in das Handelsbuch gemacht, das Inventar aufgestellt, die Eröffnungsbilanz oder der Jahresabschluss festgestellt, der Einzelabschluss nach § 325 Abs. 2a oder der Konzernabschluss aufgestellt, der Handelsbrief empfangen oder abgesandt worden oder der Buchungsbeleg entstanden ist.

Quelle: www.gesetze-im-internet.de

ANHANG

INHALT

Die 10 Gründungsschritte	S. 141
Widerrufsrecht im Bürgerlichen Gesetzbuch (BGB)	S. 144
§ 305 Einbeziehung Allgemeiner Geschäftsbedingungen in den Vertrag	S. 152
Auszüge Bundesdatenschutzgesetz (BDSG)	S. 153
Literaturliste	S. 156
Bildnachweise	S. 160

DIE 10 GRÜNDUNGSSCHRITTE

Schritt für Schritt in die berufliche Selbständigkeit. Die folgende Übersicht zeigt Ihnen die wichtigsten Stationen auf dem Weg zu Ihrem Unternehmen.

1. Stellen Sie fest, ob die Selbständigkeit der richtige Weg für Sie ist.

Die Gründung eines Unternehmens sollte keine Notlösung sein. Versuchen Sie, sich ein Bild über den Alltag einer Unternehmerin bzw. eines Unternehmers zu machen: sprechen Sie mit beruflich Selbständigen, lesen Sie Interviews mit oder auch Biographien von Unternehmern. Sprechen Sie vor allem auch mit Ihrer Familie. Sie muss Ihr Vorhaben unterstützen. Stellen Sie fest, welche fachlichen und kaufmännischen Kenntnisse Sie besitzen. Nutzen Sie die verschiedenen Gründertests, zum Beispiel im BMWi-Existenzgründungsportal.

2. Arbeiten Sie Ihre Geschäftsidee aus.

Überlegen Sie, mit welcher Geschäftsidee Sie sich selbständig machen können. Besitzen Sie die notwendigen Fähigkeiten, um die geplante Geschäftsidee in die Tat umzusetzen? Stellen Sie fest, wer Ihre zukünftigen Kunden sein könnten. Stellen Sie außerdem fest, wer Ihre Wettbewerber sind. Wer bietet bereits Ähnliches an? Vor allem: Was unterscheidet Ihr Angebot von dem Ihrer Wettbewerber? Was könnten Sie tun, wenn es Ihnen an einer zündenden Geschäftsidee fehlt? Erkundigen Sie sich, ob eventuell ein Franchise-Unternehmen in Frage kommt, das Sie als Lizenz-Unternehmer führen können. Möglicherweise könnten Sie auch ein bestehendes Unternehmen übernehmen.

3. Lassen Sie sich beraten und gleichen Sie Schwächen aus.

Erkundigen Sie sich z. B. bei der kommunalen Wirtschaftsförderung, ob es in Ihrer Kommune/Ihrer Region eine Gründungsinitiative gibt. Nehmen Sie Kontakt auf. Besuchen Sie ein Gründungsseminar der Industrie- und Handelskammer, Handwerkskammer oder Ihres Verbandes. Lassen Sie sich anschließend von einem Berater der Kammer oder Ihres Berufs/ Branchenverbandes, von einem freien Unternehmensberater oder anderen kompetenten Fachleuten helfen. Klären Sie: Zu welchen Fragen brauchen Sie Beratung? Wer kann Ihnen je nach Fragestellung weiterhelfen? Was sollten Sie beim Abschluss von Beraterverträgen beachten? Informieren Sie sich über die Beratungsförderung Ihres Bundeslandes.

4. Schreiben Sie Ihren Businessplan.

Schreiben Sie Ihren Businessplan selbst. Nur auf diese Weise gewinnen Sie an Wissen und Sicherheit, um Ihr Unternehmen erfolgreich zu starten. Erläutern Sie Ihre Geschäftsidee bzw. Ihr Vorhaben. Stellen Sie Ihre fachlichen und kaufmännischen Qualifikationen dar. Beschreiben Sie Ihr Produkt bzw. Ihre Dienstleistung. Beschreiben Sie Ihre zukünftigen Kunden und Ihre Konkurrenten. Beschreiben Sie Ihren Standort. Erläutern Sie ggf. Ihre Personalplanung. Zu welchem Preis wollen Sie Ihr Produkt bzw. Ihre Dienstleistung verkaufen? Welche Vertriebspartner werden Sie nutzen? Welche Kommunikations- und Werbemaßnahmen wollen Sie ergreifen? Welche Rechtsform haben Sie gewählt? Welche Chancen und Risiken hat Ihr Vorhaben? Wie hoch ist der Kapitalbedarf? Wie können Sie diesen Kapitalbedarf decken?

5. Kalkulieren Sie Ihr Gründungskapital.

Wie viel Geld benötigen Sie, um Ihr Gründungsvorhaben zu starten? Je nach Vorhaben müssen Material, Büroausstattung, ein Warenlager, Mietkaution, Umbauten usw. finanziert werden. Denken Sie daran, dass Sie unter Umständen eine mehrmonatige Anlaufphase finanziell überbrücken müssen. Welche laufenden Kosten kommen auf Sie zu? Vergessen Sie dabei nicht Ihre monatlichen Lebenshaltungskosten. Schätzen Sie realistisch ein, ob die Einnahmen aus Ihrer beruflichen Selbständigkeit alle betrieblichen und privaten Kosten decken werden ("Rentabilitätsvorschau").

6. Ermitteln Sie alle in Frage kommenden Finanzquellen.

Wie viel eigenes Geld können Sie in Ihr Gründungsvorhaben investieren? Wer könnte Ihnen privat Geld leihen? Eventuell könnte sich ein Gesellschafter an Ihrem Unternehmen beteiligen? Informieren Sie sich über die Kreditkonditionen der Banken und Sparkassen. Berücksichtigen Sie in jedem Fall auch die Förderprogramme für Existenzgründer, die vom Bund und den Bundesländern zur Verfügung gestellt werden.

7. Erledigen Sie alle notwendigen Formalitäten.

Erkundigen Sie sich beispielsweise bei der Industrie- und Handelskammer welche Formalitäten Sie erledigen müssen, um Ihr Unternehmen zu starten. Nutzen Sie auch die Serviceangebote der kommunalen Wirtschaftsförderung oder Gründerinitiative. Erkundigen Sie sich, ob Sie besondere Voraussetzungen, Nachweise, behördliche Zulassungen oder Genehmigungen benötigen.

8. Erkundigen Sie sich über Ihre steuerlichen Pflichten.

Stellen Sie sich von Anfang an auf Ihre Pflichten gegenüber dem Finanzamt ein. Lassen Sie sich einen Steuerberater empfehlen, der Sie über Ihre steuerlichen Pflichten, die notwendige Buchführung und die Art des Jahresabschlusses berät.

9. Denken Sie an die persönliche und betriebliche Absicherung.

Für beruflich Selbständige gibt es verschiedene Möglichkeiten, um für Arbeitslosigkeit, Alter, Krankheit und Unfall vorzusorgen. Informieren Sie auf jeden Fall Ihre Krankenversicherung über Ihre Pläne. Unter bestimmten Umständen können Sie bei der Agentur für Arbeit eine Arbeitslosenversicherung für Selbständige abschließen. Zu Fragen der Altersvorsorge erkundigen Sie sich beispielsweise bei der Deutschen Rentenversicherung, der Verbraucherzentrale Ihres Bundeslandes und der Stiftung Warentest. Denken Sie auch an die Risikovorsorge im Unternehmen. Kümmern Sie sich um ausreichende und geeignete Versicherungen für Ihr Unternehmen.

10. Lassen Sie sich auch nach dem Start in die berufliche Selbständigkeit beraten.

Nach dem Unternehmensstart kommen neue Aufgaben auf Sie zu. Nutzen Sie auch weiterhin geeignete Informations- und Beratungsangebote. Vermeiden Sie Informationsdefizite – Sie können schnell dazu führen, dass das Unternehmen in eine Schieflage gerät.

Quelle: www.existenzgruender.de Bundesministerium für Wirtschaft und Technologie

WIDERRUFSRECHT IM BÜRGERLICHEN GESETZBUCH (BGB)

§ 312c Unterrichtung des Verbrauchers bei Fernabsatzverträgen

(1) Der Unternehmer hat den Verbraucher bei Fernabsatzverträgen nach Maßgabe des Artikels 246 §§ 1 und 2 des Einführungsgesetzes zum Bürgerlichen Gesetzbuche zu unterrichten.

(2) Der Unternehmer hat bei von ihm veranlassten Telefongesprächen seine Identität und den geschäftlichen Zweck des Kontakts bereits zu Beginn eines jeden Gesprächs ausdrücklich offenzulegen.

(3) Bei Finanzdienstleistungen kann der Verbraucher während der Laufzeit des Vertrags jederzeit vom Unternehmer verlangen, dass ihm dieser die Vertragsbestimmungen einschließlich der Allgemeinen Geschäftsbedingungen in einer Urkunde zur Verfügung stellt.

(4) Weitergehende Einschränkungen bei der Verwendung von Fernkommunikationsmitteln und weitergehende Informationspflichten auf Grund anderer Vorschriften bleiben unberührt.

Quelle: www.gesetze-im-internet.de / Bundesministerium der Justiz (Auszug)

§ 312e Wertersatz bei Fernabsatzverträgen

(1) Bei Fernabsatzverträgen über die Lieferung von Waren hat der Verbraucher abweichend von § 357 Absatz 1 Wertersatz für Nutzungen nach den Vorschriften über den gesetzlichen Rücktritt nur zu leisten,

1. soweit er die Ware in einer Art und Weise genutzt hat, die über die Prüfung der Eigenschaften und der Funktionsweise hinausgeht, und

2. wenn er zuvor vom Unternehmer auf diese Rechtsfolge hingewiesen und nach § 360 Absatz 1 oder 2 über sein Widerrufs- oder Rückgaberechtbelehrt worden ist oder von beidem anderweitig Kenntnis erlangt hat.

§ 312g Pflichten im elektronischen Geschäftsverkehr

(1) Bedient sich ein Unternehmer zum Zwecke des Abschlusses eines Vertrags über die Lieferung von Waren oder über die Erbringung von Dienstleistungen eines Tele- oder Mediendienstes (Vertrag im elektronischen Geschäftsverkehr), hat er dem Kunden

1. angemessene, wirksame und zugängliche technische Mittel zur Verfügung zu stellen, mit deren Hilfe der Kunde Eingabefehler vor Abgabe seiner Bestellung erkennen und berichtigen kann,

2. die in Artikel 246 § 3 des Einführungsgesetzes zum Bürgerlichen Gesetzbuche bestimmten Informationen rechtzeitig vor Abgabe von dessen Bestellung klar und verständlich mitzuteilen,

3. den Zugang von dessen Bestellung unverzüglich auf elektronischem Wege zu bestätigen und

4. die Möglichkeit zu verschaffen, die Vertragsbestimmungen einschließlich der Allgemeinen Geschäftsbedingungen bei Vertragsschluss abzurufen und in wiedergabefähiger Form zu speichern.

Bestellung und Empfangsbestätigung im Sinne von Satz 1 Nr. 3 gelten als zugegangen, wenn die Parteien, für die sie bestimmt sind, sie unter gewöhnlichen Umständen abrufen können.

(2) Absatz 1 Satz 1 Nr. 1 bis 3 findet keine Anwendung, wenn der Vertrag ausschließlich durch individuelle Kommunikation geschlossen wird. Absatz 1 Satz 1 Nr. 1 bis 3 und Satz 2 findet keine Anwendung, wenn zwischen Vertragsparteien, die nicht Verbraucher sind, etwas anderes vereinbart wird.

(3) Weitergehende Informationspflichten auf Grund anderer Vorschriften bleiben unberührt. Steht dem Kunden ein Widerrufsrecht gemäß § 355

zu, beginnt die Widerrufsfrist abweichend von § 355 Abs. 3 Satz 1 nicht vor Erfüllung der in Absatz 1 Satz 1 geregelten Pflichten.

§ 355 Widerrufsrecht bei Verbraucherverträgen

(1) Wird einem Verbraucher durch Gesetz ein Widerrufsrecht nach dieser Vorschrift eingeräumt, so ist er an seine auf den Abschluss des Vertrags gerichtete Willenserklärung nicht mehr gebunden, wenn er sie fristgerecht widerrufen hat. Der Widerruf muss keine Begründung enthalten und ist in Textform oder durch Rücksendung der Sache innerhalb der Widerrufsfrist gegenüber dem Unternehmer zu erklären; zur Fristwahrung genügt die rechtzeitige Absendung.

(2) Die Widerrufsfrist beträgt 14 Tage, wenn dem Verbraucher spätestens bei Vertragsschluss eine den Anforderungen des § 360 Abs. 1 entsprechende Widerrufsbelehrung in Textform mitgeteilt wird. Bei Fernabsatzverträgen steht eine unverzüglich nach Vertragsschluss in Textform mitgeteilte Widerrufsbelehrung einer solchen bei Vertragsschluss gleich, wenn der Unternehmer den Verbraucher gemäß Artikel 246 § 1 Abs. 1 Nr. 10 des Einführungsgesetzes zum Bürgerlichen Gesetzbuche unterrichtet hat. Wird die Widerrufsbelehrung dem Verbraucher nach dem gemäß Satz 1 oder Satz 2 maßgeblichen Zeitpunkt mitgeteilt, beträgt die Widerrufsfrist einen Monat. Dies gilt auch dann, wenn der Unternehmer den Verbraucher über das Widerrufsrecht gemäß Artikel 246 § 2 Abs. 1 Satz 1 Nr. 2 des Einführungsgesetzes zum Bürgerlichen Gesetzbuche zu einem späteren als dem in Satz 1 oder Satz 2 genannten Zeitpunkt unterrichten darf.

(3) Die Widerrufsfrist beginnt, wenn dem Verbraucher eine den Anforderungen des § 360 Abs. 1 entsprechende Belehrung über sein Widerrufsrecht in Textform mitgeteilt worden ist. Ist der Vertrag schriftlich abzuschließen, so beginnt die Frist nicht, bevor dem Verbraucher auch eine Vertragsurkunde, der schriftliche Antrag des Verbrauchers oder eine Abschrift der Vertragsurkunde oder des Antrags zur Verfügung gestellt wird. Ist der Fristbeginn streitig, so trifft die Beweislast den Unternehmer.

(4) Das Widerrufsrecht erlischt spätestens sechs Monate nach Vertrags-

schluss. Diese Frist beginnt bei der Lieferung von Waren nicht vor deren Eingang beim Empfänger. Abweichend von Satz 1 erlischt das Widerrufsrecht nicht, wenn der Verbraucher nicht entsprechend den Anforderungen des § 360 Abs. 1 über sein Widerrufsrecht in Textform belehrt worden ist, bei Fernabsatzverträgen über Finanzdienstleistungen ferner nicht, wenn der Unternehmer seine Mitteilungspflichten gemäß Artikel 246 § 2 Abs. 1 Satz 1 Nr. 1 und Satz 2 Nr. 1 bis 3 des Einführungsgesetzes zum Bürgerlichen Gesetzbuche nicht ordnungsgemäß erfüllt hat.

§ 356 Rückgaberecht bei Verbraucherverträgen

(1) Das Widerrufsrecht nach § 355 kann, soweit dies ausdrücklich durch Gesetz zugelassen ist, beim Vertragsschluss auf Grund eines Verkaufsprospekts im Vertrag durch ein uneingeschränktes Rückgaberecht ersetzt werden. Voraussetzung ist, dass

1. im Verkaufsprospekt eine den Anforderungen des § 360 Abs. 2 entsprechende Belehrung über das Rückgaberecht enthalten ist und
2. der Verbraucher den Verkaufsprospekt in Abwesenheit des Unternehmers eingehend zur Kenntnis nehmen konnte.

(2) Das Rückgaberecht kann innerhalb der Widerrufsfrist, die jedoch nicht vor Erhalt der Sache beginnt, und nur durch Rücksendung der Sache oder, wenn die Sache nicht als Paket versandt werden kann, durch Rücknahmeverlangen ausgeübt werden. Im Übrigen sind die Vorschriften über das Widerrufsrecht entsprechend anzuwenden. An die Stelle von § 360 Abs. 1 tritt § 360 Abs. 2.

§ 357 Rechtsfolgen des Widerrufs und der Rückgabe

(1) Auf das Widerrufs- und das Rückgaberecht finden, soweit nicht ein anderes bestimmt ist, die Vorschriften über den gesetzlichen Rücktritt entsprechende Anwendung. § 286 Abs. 3 gilt für die Verpflichtung zur Erstattung von Zahlungen nach dieser Vorschrift entsprechend; die dort bestimmte Frist beginnt mit der Widerrufs- oder Rückgabeerklärung des Verbrauchers. Dabei beginnt die Frist im Hinblick auf eine Erstattungs-

verpflichtung des Verbrauchers mit Abgabe dieser Erklärung, im Hinblick auf eine Erstattungsverpflichtung des Unternehmers mit deren Zugang.

(2) Der Verbraucher ist bei Ausübung des Widerrufsrechts zur Rücksendung verpflichtet, wenn die Sache durch Paket versandt werden kann. Kosten und Gefahr der Rücksendung trägt bei Widerruf und Rückgabe der Unternehmer. Wenn ein Widerrufsrecht nach § 312d Abs. 1 Satz 1 besteht, dürfen dem Verbraucher die regelmäßigen Kosten der Rücksendung vertraglich auferlegt werden, wenn der Preis der zurückzusendenden Sache einen Betrag von 40 Euro nicht übersteigt oder wenn bei einem höheren Preis der Sache der Verbraucher die Gegenleistung oder eine Teilzahlung zum Zeitpunkt des Widerrufs noch nicht erbracht hat, es sei denn, dass die gelieferte Ware nicht der bestellten entspricht.

(3) Der Verbraucher hat abweichend von § 346 Absatz 2 Satz 1 Nummer 3 Wertersatz für eine Verschlechterung der Sache zu leisten,

    1. soweit die Verschlechterung auf einen Umgang mit der Sache zurückzuführen ist, der über die Prüfung der Eigenschaften und der Funktionsweise hinausgeht, und

    2. wenn er spätestens bei Vertragsschluss in Textform auf diese Rechtsfolge hingewiesen worden ist.

Bei Fernabsatzverträgen steht ein unverzüglich nach Vertragsschluss in Textform mitgeteilter Hinweis einem solchen bei Vertragsschluss gleich, wenn der Unternehmer den Verbraucher rechtzeitig vor Abgabe von dessen Vertragserklärung in einer dem eingesetzten Fernkommunikationsmittel entsprechenden Weise über die Wertersatzpflicht unterrichtet hat. § 346 Absatz 3 Satz 1 Nummer 3 ist nicht anzuwenden, wenn der Verbraucher über sein Widerrufsrecht ordnungsgemäß belehrt worden ist oder hiervon anderweitig Kenntnis erlangt hat.

(4) Weitergehende Ansprüche bestehen nicht.

§ 358 Verbundene Verträge

(1) Hat der Verbraucher seine auf den Abschluss eines Vertrags über die Lieferung einer Ware oder die Erbringung einer anderen Leistung

durch einen Unternehmer gerichtete Willenserklärung wirksam widerrufen, so ist er auch an seine auf den Abschluss eines mit diesem Vertrag verbundenen Darlehensvertrags gerichtete Willenserklärung nicht mehr gebunden.

(2) Hat der Verbraucher seine auf den Abschluss eines Verbraucherdarlehensvertrags gerichtete Willenserklärung auf Grund des § 495 Absatz 1 wirksam widerrufen, so ist er auch an seine auf den Abschluss eines mit diesem Verbraucherdarlehensvertrag verbundenen Vertrags über die Lieferung einer Ware oder die Erbringung einer anderen Leistung gerichtete Willenserklärung nicht mehr gebunden.

(3) Ein Vertrag über die Lieferung einer Ware oder die Erbringung einer anderen Leistung und ein Darlehensvertrag gemäß Absatz 1 oder 2 sind verbunden, wenn das Darlehen ganz oder teilweise der Finanzierung des anderen Vertrags dient und beide Verträge eine wirtschaftliche Einheit bilden. Eine wirtschaftliche Einheit ist insbesondere anzunehmen, wenn der Unternehmer selbst die Gegenleistung des Verbrauchers finanziert, oder im Falle der Finanzierung durch einen Dritten, wenn sich der Darlehensgeber bei der Vorbereitung oder dem Abschluss des Darlehensvertrags der Mitwirkung des Unternehmers bedient. Bei einem finanzierten Erwerb eines Grundstücks oder eines grundstücksgleichen Rechts ist eine wirtschaftliche Einheit nur anzunehmen, wenn der Darlehensgeber selbst das Grundstück oder das grundstücksgleiche Recht verschafft oder wenn er über die Zurverfügungstellung von Darlehen hinaus den Erwerb des Grundstücks oder grundstücksgleichen Rechts durch Zusammenwirken mit dem Unternehmer fördert, indem er sich dessen Veräußerungsinteressen ganz oder teilweise zu Eigen macht, bei der Planung, Werbung oder Durchführung des Projekts Funktionen des Veräußerers übernimmt oder den Veräußerer einseitig begünstigt.

(4) § 357 gilt für den verbundenen Vertrag entsprechend; § 312e gilt entsprechend, wenn für den verbundenen Vertrag ein Widerrufsrecht gemäß § 312d besteht oder bestand. Im Falle des Absatzes 1 sind jedoch Ansprüche auf Zahlung von Zinsen und Kosten aus der Rückab-

wicklung des Darlehensvertrags gegen den Verbraucher ausgeschlossen. Der Darlehensgeber tritt im Verhältnis zum Verbraucher hinsichtlich der Rechtsfolgen des Widerrufs oder der Rückgabe in die Rechte und Pflichten des Unternehmers aus dem verbundenen Vertrag ein, wenn das Darlehen dem Unternehmer bei Wirksamwerden des Widerrufs oder der Rückgabe bereits zugeflossen ist.

(5) Die erforderliche Belehrung über das Widerrufs- oder Rückgaberecht muss auf die Rechtsfolgen nach den Absätzen 1 und 2 hinweisen.

§ 359 Einwendungen bei verbundenen Verträgen

Der Verbraucher kann die Rückzahlung des Darlehens verweigern, soweit Einwendungen aus dem verbundenen Vertrag ihn gegenüber dem Unternehmer, mit dem er den verbundenen Vertrag geschlossen hat, zur Verweigerung seiner Leistung berechtigen würden. Dies gilt nicht bei Einwendungen, die auf einer zwischen diesem Unternehmer und dem Verbraucher nach Abschluss des Verbraucherdarlehensvertrags vereinbarten Vertragsänderung beruhen. Kann der Verbraucher Nacherfüllung verlangen, so kann er die Rückzahlung des Darlehens erst verweigern, wenn die Nacherfüllung fehlgeschlagen ist.

§ 360 Widerrufs- und Rückgabebelehrung

(1) Die Widerrufsbelehrung muss deutlich gestaltet sein und dem Verbraucher entsprechend den Erfordernissen des eingesetzten Kommunikationsmittels seine wesentlichen Rechte deutlich machen. Sie muss Folgendes enthalten:

   1. einen Hinweis auf das Recht zum Widerruf,

   2. einen Hinweis darauf, dass der Widerruf keiner Begründung bedarf und in Textform oder durch Rücksendung der Sache innerhalb der Widerrufsfrist erklärt werden kann,

   3. den Namen und die ladungsfähige Anschrift desjenigen, gegenüber dem der Widerruf zu erklären ist, und

   4. einen Hinweis auf Dauer und Beginn der Widerrufsfrist sowie da-

rauf, dass zur Fristwahrung die rechtzeitige Absendung der Widerrufserklärung oder der Sache genügt.

(2) Auf die Rückgabebelehrung ist Absatz 1 Satz 1 entsprechend anzuwenden. Sie muss Folgendes enthalten:

1. einen Hinweis auf das Recht zur Rückgabe,
2. einen Hinweis darauf, dass die Ausübung des Rückgaberechts keiner Begründung bedarf,
3. einen Hinweis darauf, dass das Rückgaberecht nur durch Rücksendung der Sache oder, wenn die Sache nicht als Paket versandt werden kann, durch Rücknahmeverlangen in Textform innerhalb der Rückgabefrist ausgeübt werden kann,
4. den Namen und die ladungsfähige Anschrift desjenigen, an den die Rückgabe zu erfolgen hat oder gegenüber dem das Rücknahmeverlangen zu erklären ist, und
5. einen Hinweis auf Dauer und Beginn der Rückgabefrist sowie darauf, dass zur Fristwahrung die rechtzeitige Absendung der Sache oder des Rücknahmeverlangens genügt.

(3) Die dem Verbraucher gemäß § 355 Abs. 3 Satz 1 mitzuteilende Widerrufsbelehrung genügt den Anforderungen des Absatzes 1 und den diesen ergänzenden Vorschriften dieses Gesetzes, wenn das Muster der Anlage 1 zum Einführungsgesetz zum Bürgerlichen Gesetzbuche in Textform verwendet wird. Die dem Verbraucher gemäß § 356 Abs. 2 Satz 2 in Verbindung mit § 355 Abs. 3 Satz 1 mitzuteilende Rückgabebelehrung genügt den Anforderungen des Absatzes 2 und den diesen ergänzenden Vorschriften dieses Gesetzes, wenn das Muster der Anlage 2 zum Einführungsgesetz zum Bürgerlichen Gesetzbuche in Textform verwendet wird. Der Unternehmer darf unter Beachtung von Absatz 1 Satz 1 in Format und Schriftgröße von den Mustern abweichen und Zusätze wie die Firma oder ein Kennzeichen des Unternehmers anbringen.

Quelle: www.gesetze-im-internet.de / Bundesministerium der Justiz

§ 305 EINBEZIEHUNG ALLGEMEINER GESCHÄFTSBEDINGUNGEN IN DEN VERTRAG

(1) Allgemeine Geschäftsbedingungen sind alle für eine Vielzahl von Verträgen vorformulierten Vertragsbedingungen, die eine Vertragspartei (Verwender) der anderen Vertragspartei bei Abschluss eines Vertrags stellt. Gleichgültig ist, ob die Bestimmungen einen äußerlich gesonderten Bestandteil des Vertrags bilden oder in die Vertragsurkunde selbst aufgenommen werden, welchen Umfang sie haben, in welcher Schriftart sie verfasst sind und welche Form der Vertrag hat. Allgemeine Geschäftsbedingungen liegen nicht vor, soweit die Vertragsbedingungen zwischen den Vertragsparteien im Einzelnen ausgehandelt sind.

(2) Allgemeine Geschäftsbedingungen werden nur dann Bestandteil eines Vertrags, wenn der Verwender bei Vertragsschluss

1. die andere Vertragspartei ausdrücklich oder, wenn ein ausdrücklicher Hinweis wegen der Art des Vertragsschlusses nur unter unverhältnismäßigen Schwierigkeiten möglich ist, durch deutlich sichtbaren Aushang am Ort des Vertragsschlusses auf sie hinweist und

2. der anderen Vertragspartei die Möglichkeit verschafft, in zumutbarer Weise, die auch eine für den Verwender erkennbare körperliche Behinderung der anderen Vertragspartei angemessen berücksichtigt, von ihrem Inhalt Kenntnis zu nehmen, und wenn die andere Vertragspartei mit ihrer Geltung einverstanden ist.

(3) Die Vertragsparteien können für eine bestimmte Art von Rechtsgeschäften die Geltung bestimmter Allgemeiner Geschäftsbedingungen unter Beachtung der in Absatz 2 bezeichneten Erfordernisse im Voraus vereinbaren.

Quelle: www.gesetze-im-internet.de / Bundesministerium der Justiz

AUSZÜGE BUNDESDATENSCHUTZGESETZ (BDSG)

§ 1 Zweck und Anwendungsbereich des Gesetzes

(1) Zweck dieses Gesetzes ist es, den Einzelnen davor zu schützen, dass er durch den Umgang mit seinen personenbezogenen Daten in seinem Persönlichkeitsrecht beeinträchtigt wird.

§ 28 Datenerhebung und -speicherung für eigene Geschäftszwecke

(1) Das Erheben, Speichern, Verändern oder Übermitteln personenbezogener Daten oder ihre Nutzung als Mittel für die Erfüllung eigener Geschäftszwecke ist zulässig

1. wenn es für die Begründung, Durchführung oder Beendigung eines rechtsgeschäftlichen oder rechtsgeschäftsähnlichen Schuldverhältnisses mit dem Betroffenen erforderlich ist,

2. soweit es zur Wahrung berechtigter Interessen der verantwortlichen Stelle erforderlich ist und kein Grund zu der Annahme besteht, dass das schutzwürdige Interesse des Betroffenen an dem Ausschluss der Verarbeitung oder Nutzung überwiegt, oder

3. wenn die Daten allgemein zugänglich sind oder die verantwortliche Stelle sie veröffentlichen dürfte, es sei denn, dass das schutzwürdige Interesse des Betroffenen an dem Ausschluss der Verarbeitung oder Nutzung gegenüber dem berechtigten Interesse der verantwortlichen Stelle offensichtlich überwiegt.

Bei der Erhebung personenbezogener Daten sind die Zwecke, für die die Daten verarbeitet oder genutzt werden sollen, konkret festzulegen. (...)

(3) Die Verarbeitung oder Nutzung personenbezogener Daten für Zwecke des Adresshandels oder der Werbung ist zulässig, soweit der Betroffene eingewilligt hat und im Falle einer nicht schriftlich erteilten Einwilligung die verantwortliche Stelle nach Absatz 3a verfährt. Darüber

hinaus ist die Verarbeitung oder Nutzung personenbezogener Daten zulässig, soweit es sich um listenmäßig oder sonst zusammengefasste Daten über Angehörige einer Personengruppe handelt, die sich auf die Zugehörigkeit des Betroffenen zu dieser Personengruppe, seine Berufs-, Branchen- oder Geschäftsbezeichnung, seinen Namen, Titel, akademischen Grad, seine Anschrift und sein Geburtsjahr beschränken, und die Verarbeitung oder Nutzung erforderlich ist

1. für Zwecke der Werbung für eigene Angebote der verantwortlichen Stelle, die diese Daten mit Ausnahme der Angaben zur Gruppenzugehörigkeit beim Betroffenen nach Absatz 1 Satz 1 Nummer 1 oder aus allgemein zugänglichen Adress-, Rufnummern-, Branchen- oder vergleichbaren Verzeichnissen erhoben hat,

2. für Zwecke der Werbung im Hinblick auf die berufliche Tätigkeit des Betroffenen und unter seiner beruflichen Anschrift oder

3. für Zwecke der Werbung für Spenden, die nach § 10b Absatz 1 und § 34g des Einkommensteuergesetzes steuerbegünstigt sind.

§ 28a Datenübermittlung an Auskunfteien

(1) Die Übermittlung personenbezogener Daten über eine Forderung an Auskunfteien ist nur zulässig, soweit die geschuldete Leistung trotz Fälligkeit nicht erbracht worden ist, die Übermittlung zur Wahrung berechtigter Interessen der verantwortlichen Stelle oder eines Dritten erforderlich ist und

1. die Forderung durch ein rechtskräftiges oder für vorläufig vollstreckbar erklärtes Urteil festgestellt worden ist oder ein Schuldtitel nach § 794 der Zivilprozessordnung vorliegt,

2. die Forderung nach § 178 der Insolvenzordnung festgestellt und nicht vom Schuldner im Prüfungstermin bestritten worden ist,

3. der Betroffene die Forderung ausdrücklich anerkannt hat,

4. a) der Betroffene nach Eintritt der Fälligkeit der Forderung mindestens zweimal schriftlich gemahnt worden ist,

4. b) zwischen der ersten Mahnung und der Übermittlung mindestens

vier Wochen liegen,

4. c) die verantwortliche Stelle den Betroffenen rechtzeitig vor der Übermittlung der Angaben, jedoch frühestens bei der ersten Mahnung über die bevorstehende Übermittlung unterrichtet hat und

4. d) der Betroffene die Forderung nicht bestritten hat oder

5. das der Forderung zugrunde liegende Vertragsverhältnis aufgrund von Zahlungsrückständen fristlos gekündigt werden kann und die verantwortliche Stelle den Betroffenen über die bevorstehende Übermittlung unterrichtet hat.

Satz 1 gilt entsprechend, wenn die verantwortliche Stelle selbst die Daten nach § 29 verwendet.

§ 28b Scoring

Zum Zweck der Entscheidung über die Begründung, Durchführung oder Beendigung eines Vertragsverhältnisses mit dem Betroffenen darf ein Wahrscheinlichkeitswert für ein bestimmtes zukünftiges Verhalten des Betroffenen erhoben oder verwendet werden, wenn

1. die zur Berechnung des Wahrscheinlichkeitswerts genutzten Daten unter Zugrundelegung eines wissenschaftlich anerkannten mathematisch-statistischen Verfahrens nachweisbar für die Berechnung der Wahrscheinlichkeit des bestimmten Verhaltens erheblich sind,

2. im Fall der Berechnung des Wahrscheinlichkeitswerts durch eine Auskunftei die Voraussetzungen für eine Übermittlung der genutzten Daten nach § 29 und in allen anderen Fällen die Voraussetzungen einer zulässigen Nutzung der Daten nach § 28 vorliegen,

3. für die Berechnung des Wahrscheinlichkeitswerts nicht ausschließlich Anschriftendaten genutzt werden,

4. im Fall der Nutzung von Anschriftendaten der Betroffene vor Berechnung des Wahrscheinlichkeitswerts über die vorgesehene Nutzung dieser Daten unterrichtet worden ist; die Unterrichtung ist zu dokumentieren.

Quelle: www.gesetze-im-internet.de / Bundesministerium der Justiz

Literatur

Ahlert, Dieter; Kenning, Peter; Olbrich, Rainer; Schröder, Hendrik (Hg.): Multichannel-Management. Deutscher Fachverlag, Frankfurt 2010.

Boé, Simon; Lipovski, Jana: Online Strategy. Trademark Publishing, Frankfurt 2011.

Brogan, Chris: Social Media für Einsteiger. Wiley VCH Verlag, Weinheim 2011.

Bundesamt für Sicherheit in der Informationstechnik (BSI): Leitfaden Informationssicherheit. IT-Grundschutz kompakt. Bonn 2012.

Bundesverband Digitale Wirtschaft (BVDW) (Hg.): Social Commerce. Düsseldorf 2011.

Bundesverband Digitale Wirtschaft (BVDW): Usability – ein wichtiger Erfolgsfaktor für E-Commerce-Webseiten. Düsseldorf 2008.

Burda, Hubert; Döpfner, Mathias; Hombach, Bodo; Rüttgers, Jürgen (Hg.): 2020 – Gedanken zur Zukunft des Internets. Klartext Verlag, Essen 2010.

Düweke, Esther; Rabsch, Stefan: Erfolgreiche Websites. Galileo Press, Bonn 2011.

Eggert, Ulrich: Zukunft Handel. Walhalla und Praetoria Verlag, Regensburg 2011.

Emrich, Christin: Multichannel-Management. Verlag W. Kohlhammer, Stuttgart 2009.

Erlhofer, Sebastian: Suchmaschinen-Optimierung. Galileo Press, Bonn 2011.

Fischermann, Thomas; Hamann, Götz: Zeitbombe Internet. Gütersloher Verlagshaus, Gütersloh 2011.

Föhlisch, Carsten (Hg.): Handbuch für Onlinehändler. Praxishilfen und Musterformulierungen. Trusted Shops GmbH, Köln 2012.

Funder, Jörg; Strähle, Jochen; Ehlbeck, Marc, Natkowski, Thomas: Online gewinnen. Deutscher Fachverlag, Frankfurt 2011.

Heinemann, Gerrit: Cross-Channel-Management. Gabler Verlag, Wiesbaden 2011.

Heinemann, Gerrit: Der neue Online-Handel. Gabler Verlag, Wiesbaden 2009.

Heinemann, Gerrit; Schleusener, Michael; Zaharia, Silvia (Hg.): Modernes Multi-Channeling im Fashion-Handel. Deutscher Fachverlag, Frankfurt 2012.

Hoeren, Thomas; Föhlisch, Carsten: Trusted Shops Praxishandbuch. Trusted Shops GmbH, Köln 2011.

Höschl, Peter (Hg): Leitfaden für Shop-Einsteiger. Books-on-Demand, Norderstedt 2009.

Höschl, Peter; Straub, Nicole: Das ABC des E-Commerce. BBE media, Neuwied 2012.

ibi research an der Universität Regensburg, Der Handel, MasterCard: E-Payment-Barometer. Seit September 2010. http://www.ibi.de/E-Payment-Barometer.html

ibi research an der Universität Regensburg: „Shop-Systeme, Warenwirtschaft und Versand", November 2011.

Kaiser, Thomas: Top-Platzierungen bei Google&Co. Business Village, Göttingen 2009.

Kock, Stefan: Chancen und Risiken von Brick&Click. Igel Verlag, o.O. 2010.

Konitzer, Michael-A. (Hg.): Annual Multimedia 2012. Walhalla Verlag, Berlin 2012.

KPMG: Studie: Preisportale, Couponing, soziale Netzwerke – der Einfluss aktueller Online-Trends auf das Kaufverhalten. 2011

Krisch, Jochen; Rowold, Sascha R: E-Commerce für Fortgeschrittene. Epubli GmbH, Berlin 2011.

Lammenett, Erwin: Online-Marketing Essentials. Verlagshaus Mainz, Aachen 2011.

Mahrdt, Niklas; Krisch, Michael: Electronic Fashion. Gabler Verlag, Wiesbaden 2010.

Nozynski, Tatsiana: Usability von Online-Shops. VDM Verlag Dr. Müller, Saarbrücken 2010.

Palme, Inga: Die besten Facebook Marketing Tipps. Data Becker, Düsseldorf 2011.

Parr, Christina; Wandt, Michael: Förderung sonstiger Investitionen. Eine Aktion des Wabeco Subventionslotsen in Kooperation mit dem Unternehmermagazin impulse. Gießen 2011.

Pispers, Ralf; Dabrowski, Joanna: Neuromarketing im Internet. Haufe-Lexware GmbH, Freiburg 2011.

SAP AG: IT-Sicherheit für kleine und mittlere Unternehmen. Berlin 2010.

Schwarz, Torsten: Praxistipps Internetmarketing. Marketingbörse, o.O. 2010.

Stahl, Ernst; Breitschaft, Markus; Krabichler, Thomas; Wittmann, Georg: E-Commerce-Leitfaden. ibi research an der Universität Regensburg GmbH, 2., überarbeitete Auflage Regensburg 2009.

Wenzel, Eike; Haderlein, Andreas; Mijnas, Patrick: Future Shopping. Finanz Buch Verlag, München 2009.

Winkler, Holger W.: Onlinehandel mit Erfolg. hww Media, Radolfzell 2010.

Zebisch, Sabrina: Google AdWords. Business Village Verlag, Göttingen 2010.

BILDNACHWEISE

Titel		shutterstock, puhhha
S.	8	Swantje und Martin Theben
S.	11	screenshot http://www.papageienbaeckerei.de
S.	12	screenshot http://www.juicyschoki.de
S.	14	screenshot http://www.schanzenport.de
S.	17	Der Handel
S.	18	Shutterstock, VLADGRIN
S.	20	composing H. Rausch; Bilder: Shutterstock nasirkhan und Shutterstock PiXXart
S.	22	composing H.Rausch; Bild: Shutterstock Dmitriy Shironosov
S.	23	screenshot http://www.sportscheck.de
S.	32	screenshot http://www.buecher-hoffmann.de
S.	34	Shutterstock oliveromg
S.	36	screenshot http://www.gudrunsjoeden.de
S.	39	screenshot http://www.amazon.de
S.	41	screenshot http://www.globetrotter.de
S.	44	screenshot http://www.tchibo.de
S.	45	screenshot http://www.zooplus.de
S.	47	screenshot http://www.otto.de
S.	48	Shutterstock Benjamin Haas
S.	50	Shutterstock Dmitry Kalinovsky
S.	52	http://www.wellpappen-industrie.de/presse/bilddatenbank2
S.	57	composing H. Rausch; Bild: Shutterstock altafulla
S.	59	Shutterstock, Andresr
S.	60	Shutterstock, Kzenon
S.	63	Fotolia
S.	64	Shutterstock Oleksiy Mark
S.	69	screenshot http://www.google.de
S.	71	screenshot http://www.yves-rocher.de
S.	75	screenshot http://www.wunschliste.de

Anhang

S. 76 Shutterstock, ra2 studio
S. 78 screenshot http://http://www.facebook.com/manomama
S. 82 Sina Trinkwalder, manomama
S. 83 screenshot Twitteraccount manomama
S. 84 Otto
S. 86 Shutterstock, Dmitriy Shironosov
S. 90 Shutterstock, Angela Waye
S. 94 screenshot http://www.kfw.de
S. 98 Shutterstock, puhhha
S. 102 screenshot http://www.paypal.de
S. 105 screenshot http://www.barzahlen.de
S. 107 screenshot http://www.sofortueberweisung.de
S. 108 screenshot http://www.giropay.de
S. 112 Shutterstock, .shock
S. 114 Shutterstock, Pedro Miguel Sousa
S. 117 Broschüre „Leitfaden Informationssicherheit" des Bundesamtes für Sicherheit in der Informationstechnik
S. 119 screenshot http://www.neckermann.de
S. 122 TÜV Rheinland
S. 124 Signet Bundesamt für Sicherheit in der Informationstechnik
S. 129 screenshot http://www.internet-guetesiegel.de
S. 130 oben EHI Gütesiegel
S. 130 unten screenshot http://www.shopinfo.net
S. 131 oben Trusted Shops Gütesiegel
S. 131 unten screenshot http://www.trustedshops.de
S. 132 oben TÜV Siegel Safer Shopping
S. 132 unten screenshot http://www.safer-shopping.de
S. 133 oben Internet Privacy Gütesiegel
S. 133 unten screenshot http://www.datenschutz-cert.de
S. 135 Shutterstock, Pavel Ignatov
S. 136 Shutterstock, .shock
S. 140 composing H. Rausch; Bild: Shutterstock Dmitriy Shironosov

Supermarkt, Discounter & Co.: Strukturen – Fakten – Trends

Michael Lerchenmüller
Renate Vochezer
Thomas Vogler

Lexikon Betriebsformen

■ Supermarkt, Discounter & Co.:
   Strukturen – Fakten – Trends

Lebensmittel Zeitung EDITION

224 Seiten, mit zahlreichen Grafiken und Abbildungen, gebunden

Bestell-Nr. 41204

68 €

- Das Lexikon gibt einen Überblick über die Vielfalt der Betriebsformen und informiert über Prozesse und Methoden der **Betriebsformenentwicklung**.

- Fachbegriffe von Abholmarkt über **POS-Banking** bis **Versandhandel** werden fundiert und klar strukturiert erläutert.

- Mit aktuellen Kennzahlen zu Vertriebsmarken des Handels, wie zum Beispiel **ALDI Discount, EDEKA aktiv Markt** oder **OBI Baumarkt**.

Online-Shop: www.dfv-fachbuch.de

dfv Deutscher Fachverlag Fachbuch
www.dfv-fachbuch

Das 1 x 1 für perfektes Steuern und Entscheiden am Point of Sale!

BAND 2
Marketing + Werbung
Kunden
Mitarbeiter

BAND 1
Markt
Shop
Ware + Sortiment

Iris Skowronek
101 PRAXISTIPPS
für mehr
ERFOLG IM EINZELHANDEL

Deutscher Fachverlag

Steigern Sie Ihre Umsatzkurve mit ganz konkreten, sofort umsetzbaren Praxistipps aus folgenden Themenfeldern des Handels:

- Kundenmagnet Shop
- Verkaufssteuerung und -förderung
- Marketing und Werbung
- Kunden und Kundenservice
- Die Mitarbeiter im Verkauf
- Zahlen, Daten und Fakten – warum Strategien wichtig sind

Ein Ratgeber mit dem man gleich los legen kann!

89 €

2 Bände, 342 Seiten, mit zahlreichen Grafiken und Abbildungen, gebunden

Bestell-Nr. 41255

Online-Shop: www.dfv-fachbuch.de

dfv Deutscher Fachverlag Fachbuch
www.dfv-fachbuch.de

Fachwissen für die Handelspraxis

Susanne Czech-Winkelmann

Lexikon Sortimentspolitik

- Gestaltung
- Schnittstellen
- Management
- Kennzahlen

Lebensmittel Zeitung EDITION

Verschaffen Sie sich blitzschnell Fachwissen über alle Begriffe rund um das Management von Artikeln und Sortimenten im Handel.

- Käuferverhalten
- Preisgestaltung
- Marketing/Werbung
- Verkaufsförderung
- Enabling Technologies
- Kennziffern des Handels
- Logistik/SCM

228 Seiten, mit zahlreichen Grafiken und Abbildungen, gebunden

Bestell-Nr. 41040

68 €

Online-Shop: www.dfv-fachbuch.de

dfv Deutscher Fachverlag Fachbuch
www.dfv-fachbuc